日本語をどう書くか

柳父 章

角川文庫
22229

目次

第一章　作られた日本語　7
翻訳で作られた日本語　9
翻訳語、翻訳的用語の使われ方　16
翻訳で作られた日本「文」　29
第二章　日本文の二重構造　41
日本語の二重構造　43
日本語の国際性　53
第三章　句読法の歴史　61

第四章　日本文と文末語　93
常体と敬体の混用文体　95
文末語はなぜ必要なのか　104
「である」文の表現力　116
「現在形」としての動詞止め文　128
第五章　日本文をどう書くか　173
難しそうな言葉を警戒する　175
言葉感覚に欠けた言葉　187
段落の切り方について　201
文末に変化を持たせること　219
あとがき　231
新版へのあとがき　235

日本語をどう書くか（第五章より）

*漢字やカタカナの難しそうな言葉を警戒する。翻訳語として作られた歴史の浅い言葉よりも、くだけた日常語を大切にすること。

*文法や論理だけでなく、言葉感覚や語感に従った文章を心がける。日本語の言葉感覚に根ざした表現は、書き言葉よりも話し言葉の方に多い。

*読点、句点、段落によって文の切れ目をつくる書き方は、日本語としての歴史は浅い。論理的にわかりやすい文章を書きたければ、文を明確に切り、段落を適当に取るよう意識すること。

*日本語文でいちばん大事なのは文末だが、翻訳語としてつくられた近代的な口語文では文末語の種類がきわめて少ない。文末に変化を持たせ、余韻をひびかせる工夫をすること。

第一章　作られた日本語

翻訳で作られた日本語

もう一つの日本語――書き言葉

日本語には二つある、と私は考えている。一つは、有史以前から今日に至るまで、日本語として受け継がれている言葉の中心になっている言語で、おもに今日の話し言葉のうちに生きている。もう一つは、今日の書き言葉中心の日本語である。

日本語の話し言葉と書き言葉とは、ふつう一般に漠然と考えられている以上に、大きく違っている、と私は考える。たとえば、話すように書け、と言い、また、近代以後の日本文を、言文一致体などと言う。このようなことを説く人も、決して無条件に「言」と「文」とが一致すると考えているわけではないのだが、その心の底では、本質的には「言」と「文」とは一致するはずだ、とか、あるいは「言」と「文」との一致を、あるべき理想的な姿として思い描いているようである。ところが、私の考えるところによれば、今日の日本語の「言」と「文」とは、決して一致しないはずなのである。

なぜか。それは、本書の全体を通して私がこれから説いて行こうとしていることなのだが、簡単にここで先に述べておくと、日本語の書き言葉は、長い歴史を持った話し言葉とは、ほとんど全く別の必要から、きわめて人工的に作られた言語だからなのである。

今、私はここで、言語という言い方をした。言語というのは、たとえば英語という一つの言語に対する、日本語というもう一つの言語というように、全体としてまとまりのある構造を持っていて、一つの言語の内部で、たとえば何か表現したいというような必要があれば、その言語の中で、すべて一応間に合わせることができるのである。その意味で、言語は閉じた構造を持っている、と言うことができる。日本語は、もちろん一つの言語である。ところが、これから私が述べようとしている考えによれば、書き言葉の日本語は、伝統的な、言わば正統な日本語である話し言葉の日本語とは別の、もう一つの言語とも言うべき性格を持っているのである。

たとえば、書き言葉によってあることを表現したいと思ったとき、それは、書き言葉によってしか表わせない。話し言葉の日本語ではだめなのである。ちょっと考えると、書き言葉の日本語で言えることは、当然話し言葉の日本語でも言えそうに思う。

ところが、私の見方に立てば、結局のところそれはできない。日本語の話し言葉と書き言葉とは、本質的に、非常に大事なところで、それぞれ別の必要性と、その対応策とを持っているのだ、と考えた方がよいと思う。

翻訳が書き言葉を作った

この書き言葉の日本語とは、端的に言えば、翻訳の必要によって作られた日本語なのである。そしてこれは、世界でも稀《まれ》な、日本独自の翻訳の歴史によって作られてきたのだ。このことについて、ここで簡単に述べておこう。

日本における翻訳のやり方が、いかに世界でも稀な方法にもとづいているか、ということは、逆に、日本以外の国で、翻訳というものが、一般にどういうやり方で行なわれているのか、という事実と比較してみるとよく分る。

たとえば、ジョルジュ・ムーナンという有名な翻訳理論家の、『翻訳の理論』という書物がある（福井芳男他訳、朝日出版社、一九八〇年）。その第1部、第1章の初めのあたりに、

翻訳者は定義上二言語併用者であり、同一個人に交互に使用される二言語間

（あるいは数言語間）の接触の場となっていることは確かで異論の余地がない。

と述べられている。

ここで二言語併用者というのは、きわめて幼い頃から二つの言語を併用して育った人で、ヨーロッパなど国境を接していて、しかも往来の多い地方の至る所にいる。また、アメリカのような多民族国家にも多い。ムーナンによれば、翻訳とは、このような一つの言語の話し言葉から、もう一つの言語の話し言葉へのメッセージの移転、と考えられている。それは「確かで異論の余地がない」と断定され、この書物の全体は、当然、この大前提に立って述べられているのである。そしてこの前提は、この書物に限らない。西欧人翻訳理論家の翻訳理論は、例外なくこの大前提でものを考えている。さらにまた、日本のあらゆる学問がそうであるように、従来日本で翻訳について何か理論的なことを述べようとすると、こういう西欧産の前提をお手本として語る、ということになるのであった。

ところが、私の考えるところによれば、私たちの国における翻訳は、本質的に、二言語併用者の立場によっているのではない。日本の翻訳者の大多数は、事実として二言語併用者ではなく、日本には二言語併用者はとても少ない。容易に分るように、日本は島国で、異民族と直接接触した体験は、諸文明国と比べてきわめて少なかったからである。

ところが、そうであるにもかかわらず、わが日本は、世界で稀なほどの翻訳受け入れ国である。世界中の国々の古典的書物は、翻訳書として、図書館にも、本屋さんにも数多く揃えてある。有史以来、日本は熱心な翻訳受け入れ国だったのだ。

この熱心な翻訳受け入れ国、日本の翻訳方法は、通常考えられている二言語併用の立場とは本質的に違っていた。それは、彼方《あちら》の話し言葉をこちらの話し言葉に移し入れる、という方法ではなかった。彼方とこちらの二つの話し言葉の間に、言わばもう一つの日本語とも言うべき、翻訳用の書き言葉を作り出す、という方法によったのだ。

漢文訓読というのが、まさしくそれだ。改めて考えてみると、漢文訓読とはどうもふしぎな方法である。「漢文」とは、もともと文字で書かれた外国語である。それを、ひっくり返したりして「訓読」して、とにかく日本語よみにしてしまうのだ。

近代以後、私たちが西欧語を受け入れ、翻訳したとき、その基本的な方法は、この漢文訓読を受けついだのである。これについて詳しいことは本書中でまたふれたいと思うが、要するに個々の外国語に「訓」を宛てたり、言葉の順序をひっくり返して、「てにをは」をつけて、ほとんど原文の一語一句を拾い上げるようにして「訓読」する。それがふつう言う直訳である。

こうして、訓読という、もともと話すためではなく、外国語を読む必要上、便宜的に作り出されたある生硬《せいこう》な文体が、長い日本の歴史を貫いて、日本の翻訳文化の中心的な役割を果たしてきたのだ。

ところでこの訓読文体は、直接翻訳の場で使われただけでなく、やがて和漢混交文とか、漢字かな交り文といった日本語の書き言葉の文の、文体も作るようになっていく。それは、大きく言えば、他方、平安《へいあん》朝の女流文学に代表されるような話し言葉系の文体と対立しつつ、日本語の書き言葉の一つの中心になっていく。

そして近代以後、今から百年ほど前、私たちが西欧文翻訳の影響を受けつつ、近代日本語文を作り出したとき、その中心は、訓読文体の流れを汲《く》む、書き言葉の系譜の文体だったのである。もう一つの、話し言葉系の文体ではなかった。

以上、大ざっぱであるが今日の私たちの書き言葉が、話し言葉とは別の、翻訳の影響のもとに成立してきた言葉の体系であることを説明してきた。

そこで、次に、この書き言葉日本語の特徴を、二つの面からとらえてみたいと思う。一つは個々の単語の面から、もう一つは文というまとまった単位の面から、いわゆる構文論として、その根本的な性格を考えよう。

とにかく、ふつう漠然と考えられている以上に、私たちのこの現代書き言葉は、人工的な、作られた文、書くために作られた日本語だ、ということに注意し、みていただきたい。

翻訳語、翻訳的用語の使われ方

「彼女」を独占する「彼女」

一九七八(昭和五十三)年暮、『文学界』新人賞を受賞した「葬儀の日」という小説がある。作者、松浦理英子《まつうらりえこ》は、二十歳の仏文科の女子学生である。賞の選考にあたった人たちは、若い作家のこの観念小説を、かなり高く評価していたようであった。この作品は、また、一九七九年度上半期の芥川《あくたがわ》賞の候補作の一つにも挙げられていた。

この「葬儀の日」という小説を、以下私は、おもにその文体、言葉使いの面から考察してみたいと思う。

なぜこの作品をとくに問題にするのか。その理由は、もちろん以下の私の考察の内容になるのであるが、要するに、これが二十歳の若者の文章であること、そして、多くの評家も言っているように、作者はひときわ優れた秀才であること、そしてもう一つ、その内容が、観念的、哲学的であること、などのためである。

そして、書き言葉が話し言葉に対してとくに際立っている特徴は、このような作者の文章に典型的に現われるからである。つまり、年若く、知的好奇心が強く、とかく観念的、哲学的にものを考えようとする人々の場合である。

小説の筋を簡単に述べておこう。二十歳の少女の「私」は、葬式の「泣き屋」である。葬式の悲しみを盛り上げるのが仕事である。他方、「笑い屋」がいて、皮肉な演出を望む喪主が時おり呼ぶ。泣き屋の「私」には、宿命的な一対として定められている一人の笑い屋がいて、それは「彼女」と呼ばれている。「私」と「彼女」とは、仕事が終るとよくいっしょにつき合うが、仕事中、つまり葬儀場では、たがいに知らない振りをすることになっている。あるとき、二人は葬儀の場で、ついたがいを求めて、近づき、感情の乱れを表に出して、死者の妹である年輩の女性に見とがめられ、罵倒《ばとう》される。これは屈辱であって、仲間たちにも非難される。

その頃、「私」と同年輩の「少年」が現われて親しくなる。「私」は少年の優しさに惹《ひ》かれて、その後いっしょに寝る。しかし、「私」と「彼女」との結びつきは、少年との関係以上に強く、少年は不満のまま去って行く。また、アコーディオンをひく老婆がいて、「私」にいろいろと助言したり、批評したりする。そのほかに、幼女が現われて、遠くからひそかに「私」を眺め、しばらくして、「泣き屋か笑い屋になる」

と言う。

やがて「彼女」の姿は見えなくなった。死んだのである。それを知った翌日、「私」は最後の泣き屋の仕事をする。

さて、まずこの「彼女」とは何か。これを、私は、始めに言ったように、言葉の面から見てみよう。

次のような一節がある。「私」と「彼女」とが仕事中の葬儀の場で近づき、年輩の女性にとがめられる場面である。

その瞬間、私が（彼女も）相手から伝わる切れ切れの動揺を感知し、彼女もあの女性の眼を見たのだとわかって愕然としたその瞬間、問題の女性がぞっとするような悲鳴をあげ、叫び声を聞いた私たちの体はその場に釘づけになってしまった。いっそ倒れてしまいたい、と思いながらどうにか持ちこたえて目をやると、女性が黒い和服の裾が乱れるのも構わず、血相を変え泡を吹きそうな剣幕でこっちへ駆けて来るのであった。

ここには、「私」と、「彼女」と、「女性」とがいるのだが、「女性」は「彼女」ではないのである。つまり、「彼女」とは三人称代名詞でないのだ。文中、「あの女性」、「問題の女性」、「女性」と、「女性」という名詞はくり返されるが、この人が「彼女」という代名詞で受けられることはない。この前後の文中を通じてそうだ。「彼女」という言葉は、「私」の片割れである笑い屋の女に独占されている。

「彼女」はここでは代名詞ではない。名詞の「代」わりの役をする言葉ではない。名詞である。しかも、「問題の女性」とか、「花子」とかのような、通常の名詞のもつ文脈外の対象を指示する機能も持っていない。「彼女」は、代名詞でないから、先行する文章中の何らかの名詞を指示するのではなく、また文脈外の何らかの存在を指示するのでもない。「彼女」ははなはだ意味の乏しい言葉である。にもかかわらず、「彼女」は「彼女」でなければならない。

今から九十余年前、明治四十年、田山花袋《たやまかたい》は、『蒲団《ふとん》』の中で、この「彼女」と同じような用法の「彼」を用いている。主人公が、小説の始めから「彼」と呼ばれているのである。翌年、『一兵卒』という小説の中でも「彼」を主人公にして書いている。このような「彼」や「彼女」の用法については、私はすでに、翻訳語の持つ「カセット効果」の一例として詳しく述べた（『翻訳とはなにか』法政大学出版局、一九七六年）。この花袋の『蒲団』は、日本近代小説史上の一時期を画する作品であり、そこで、この

「彼」は重要な役割を果たしていた、と私は考えている。つまり、その意味内容、人物の正体はまだ明確に知られていなくても、とにかくまずそこに存在しているある人物を指しており、それは一面で三人称の人物として客観化され、他面では作者の内面を託するような一人称の性格をもっている。このような「彼」または「彼女」に託して、いわゆる日本の近代的自我が描かれた、ということである。

さらにつけ加えると、このような効果をもつ言葉「彼」や「彼女」は、今日、若い人たちの日常会話でよく使われ、たとえば「彼の彼女」のように、きわめて特定した人物を指すのに使われているのである。このような用法の「彼」は、その後もしばらく、日本の小説上によく現われた。

花袋の「彼」も、松浦理英子がここで用いている「彼女」も、もとは翻訳語であって、伝来の日本語ではない。言葉としての意味の乏しさも、ここに由来する。にもかかわらず、その作品中で、きわめて大事な役目を負わされている。大事な意味を持たされている。一見美しいが内容の不明な小箱、すなわち「カセット」のような言葉である。今二十歳のこの秀才作家は、日本の多くの若者たちと同じように、翻訳語のカセット効果にとらえられて、その思考を組み立てて行こうとしている。花袋以来の近代日本の小説史を、生物学で言う系統発生にたとえれば、それは、この二十歳の初心《うぶ》な作家における個体発生としてくり返されているかのようである。

漢字二字に預けられた無量の想い

「彼女」もそうであるが、この小説の文章には、至る所に漢字二字の名詞が現われる。この漢字二字の名詞が果たしている機能を考察してみよう。たとえば、

別々の綱に摑まっているはずの二人が、今ここで一緒に歩いていて、それぞれの綱の根元を探り当てつつあるのは、どうしようもなく絶望的なことだ。ただし絶望とは快楽だから、私たちは出会いの苦々しさをちゃんと楽しんでいる。

論理的に筋を追うと、次のようになる。「絶望的なこと」である。「絶望とは快楽」である。「だから」「苦々しさを楽しんでいる」となる。「絶望」と「苦々しさ」、「快楽」と「楽しんでいる」とは同じ意味の言葉のくり返しではないのか。いやそうではない、と私は考えるのである。

論理のつなぎ目のところに漢字二字の名詞が入って、それが、ふつうの柔らかい言いまわしの結論を導いている。大事なところで、漢字の名詞を頼りに思考を進めるの

である。また、

彼女がガラス越しに声をかけたが、外に聞こえるはずがない。だが幼女は嬉しそうに何か言った。私たちの方にも声は聞こえない。ガラスというのは、視覚的には開かれているが、聴覚的には閉じられている。

「聞こえるはずがない」ということは、「聴覚的には閉じられている」ということで、「幼女は嬉しそうに何か言った」ことは見えているのだから、「視覚的には開かれている」ことになる。前の例とは逆に、「視覚的」、「聴覚的」という「的」のついた漢字三字の名詞が、ふつうの言葉使いの表現を受けている。これもまた同じことのくり返しではない。それについては、もっと説明が必要であるが、もう少し用例を見よう。

ぎょっとしたのは幼女が車のガラス窓を開け始めたことだ。ガラスを通さない対面。

これも前の例文と似ていて、「対面」ということは、その前の文で十分わかることなのに、くり返して難しそうに言っているように見える。思考の流れを、要所要所で、漢字の名詞で括り、端的に言ってみているようである。そして、終りに近いところに、次のような一節がある。

背後で老婆の声がした。その言葉に私は突き刺された。こう叫んだのだ。
「今度こそあんたたちは結合するんだ！」
ぞっとする宣告にも似た言葉、もの凄く痛烈な一撃、わかり切っているはずのことを他人に指摘されたこの屈辱、恥ずかしい現場を取り押さえられたような悲憤。結合！

漢字二字の名詞表現がこの作者にとっていかに大事であるか、いかに無量の想いがそこに預けられているか、この例文でよく分るであろう。

観念的世界の構築

漢字二字の名詞は、必ずしも翻訳語ではない。前例文中で、「視覚」「聴覚」は翻訳語であり、「絶望」「快楽」は多分に翻訳語的であるが、「対面」や「結合」は、ふつう翻訳語ではないだろう。だが、私たちの日本語は、伝統的に、漢字二字の言葉を、新しく外部から到来する言葉のための座として用意してきたのである。それは、他の日常ふつうの柔らかい日本語の言いまわしとはっきり対立している。対立することによって日本語の構造を形づくっている。その構造の中で、「視覚」も、「快楽」も、「結合」も、同じような機能を持っているのである。

漢字二字の名詞の機能は、まず、その指示された物事に、明確な形を与えることである。物事を、かたまりとしてとらえる。そのかたまりを、自分の意識に対置し、対象化する。対象化されたものの領域を確定し、ここまではこの言葉の内容で、そこから外はそうではない、と分つ。

このような漢字の名詞によって、この作者は、何よりも「彼女」というもの、および「私」というものをとらえようとする。そして、こういう形を与えられた「彼女」と「私」との関係が、やはり漢字二字の名詞を手がかりとして形づくられて行くのである。

彼女の存在は空気の濃密さでわかるのだ。多勢の参列者たちの間を縫って続く彩りのある流れをたどれば、その果てに彼女を知覚した。

私の意志はいつも浮遊している、彼女の存在の認識の回りを。

駄目だ、私の内部の要素は、私の体質となってしまっている。生理機構の一つとなってしまっている。

以上の例文中における漢字、つまり、彼女、存在、濃密、知覚、浮遊、認識、内部、要素、体質、生理、機構、等々は、もとより無意味な言葉ではない。しかし、これらは、ここでは、その通常の意味だけによって使用されているのではない。と言うよりも、「濃密」は「こさ」と同じではない。また「認識」は「知ること」と同じではない。その同じではなく、しかもまだよく知られていない何かの部分に、この使用者の言わんとして言い得ていない想いが託されている。作者が、もっともうまく言えない所で漢字が現われる、とも言えよう。

このことは、逆に言えば、こういう種類の言葉をかりて、伝来のやさしいふつうの言葉使いでは表現できなかった世界を作り出す、ということである。作り出す、と言っても、作者の主体的な、意識的な行為によって、と言うよりも、半分以上はこの漢字の名詞のおかげによってである。

　意志、浮遊、彼女、存在、認識という名詞を、他のひらがなを中心とする言葉でつないで、「私の意志はいつも浮遊している、彼女の存在の認識の回りを。」という具合の日本文に仕上げると、ここに今まで知られなかった世界が忽然《こつぜん》として出現する。その世界の意味は、窮極的に漢字の名詞が責任を引受けている。その世界は、一つ一つが固い、かたまりのような単位の要素でできている。こうして、この若い作者は、「私」と「彼女」との関係を構築し、作り出す。それは、「私」じしんの理解の仕方である。すなわち、作者の観念論的な哲学である。

　以上の引用例から分るように、松浦理英子のこの文章は、悪文である。意味の乏しい不消化な漢字を乱用した、きざっぽい、もって回った言葉使いの文である。引用したのは、中でも典型的な悪文であるが、こういう種類の言葉使いや文体は、おそらく大事なところで現われて、次の展開に引きついで行く。大事なところで、作者はこのような悪文によって考えているのである。

　漢字の名詞を中心とするこの悪文の背景には、翻訳文がある。私たちの翻訳文では、西欧の名詞中心の文をうつす必要上、どうしても日常の日本文よりも名詞が多くなる。しかも、これら日本語の名詞は、西欧文における名詞と違って、代名詞や冠詞や格変化などの構文上の機能を伴っていない。翻訳日本文の名詞は、意味はとかく不透明になり、不必要に多用されている文を作り出す。

二十歳の仏文科の学生のこの文章には、当然翻訳文体の影響がある。しかしまた、当り前のことであるが、これは翻訳文そのものではなく、翻訳文をまねたいわば翻訳調の文である。翻訳文における漢字の名詞を多用した悪文は、受身の、見方によれば止むを得ないとも言える悪文であるが、直接の翻訳文ではないこの翻訳調の文は、積極的な、好んで書かれている悪文である。こういう種類の悪文は、日本の若く、優れた才能の人たちにいつでも好まれているのである。

ここでは私は、こういう「悪文」の批判をするよりも、このような文が出現する背景、必然性といったことを述べたいわけであるが、終りに、こういう「悪文」の取り得についても少し考えておこう。

この小説の文章から改めて考えるならば、それは思考の世界に新しい視野を開いてくれるであろう。このような悪文を創り出す作業のうちに、おそらく、およそ考えるということのもっとも始源の姿をうかがうことができるように思う。つまり、言葉の意識的な操作が、すなわち考えるというあり方である。

成熟して言葉の扱いに慣れた人は、もちろんこういうふうには考えない。考える意識と言葉の操作とは、もっと自然に、柔軟に相即しつつ動いて行くに違いない。だが、いまだかつてなかったように考え、新しい思考の世界を開いて行くときには、必然的に、考える意識と言葉の操作とは分裂するであろう。そうして、結果として、かつてなかったような言葉の組み合わせが創り出される。あるいは新しい言葉じたいが生み出されるであろう。

新しい文体の形成の過程には、いつもこういうことがあったのではないか。歴史というものを、ふり返って見る立場で考えるのではなく、歴史のその現場に身を置いて見ようとしてみるならば、新しい思想の出現は、きっと新しい言葉使いを伴っていた。それは、たいてい識者の反感をそそるような種類の悪文の出現であったろう。

翻訳調の文がすなわちこのような性格の悪文になり得るのか、それはもっと長い視野の中で考えてみなければならないであろう。

翻訳で作られた日本「文」

句点に苦心した歴史

次に、書き言葉の「文」という単位について考えてみよう。

日本文はどこで切れるのか、というと、もちろん、句読点による切れ目がある。読点(、)は、人によってかなり違うことがあるが、句点(。)の切れ目は誰にも明らかである、と考えられるだろう。

すでに一八九三(明治二十六)年、落合直文《おちあいなおぶみ》は、『日本文典』の中で、「句読法」と題する一節にこう書いている。

故に句点は、そを施すところは、やかて語の切るゝところなれは、その語格にだに注意せは、更に惑ふことなく、かつ古より先輩の切りたるものも、浸々一定し居りたれと、読は一定の標準なく、全く人々の自由に一任せるものゝことし。

ところがそうではなかったのである。当時の新聞を始め、雑誌、書物の活字になった文章の多くは、句点も読点もないものがふつうであった。あるいは、今日言う句点だけ、読点だけの文章であった。さらに、もっとおかしなことに、句点。と、読点、とが併用されているような文章があって、その使い方が、その基準がどうなっているのか全く分らないくらいにまちまちなのがある。そういう用例は意外なほど多いのであった。

もちろん、落合直文の言うように、「句点は……更に惑ふことなく」きちんと打ってあるような文章もあった。それは、一つは国語教科書などの学校教科書の文章、もう一つは『国民之友』などに発表されている学者、知識人の文章の一部、であった。それは、全体としてみれば、当代の日本語の文章の一部にすぎなかった。大多数の文章は、「更に惑ふことなく」どころか、惑っていたのである。あるいは、文章の切れ目について、当時の日本のあらゆる文化がそうであったように、混乱し、惑い、何らかの形を求めて動いていたのであった。

そうすると、落合の言う「更に惑ふことなく」とはどういう意味になるのか。さらに彼は、「かつ古より先輩の切りたるものも、浸々一定し居りたれと、」とさえ言っているではないか。これはいったいどういうことか。少しも不思議ではない、と私は考える。歴史には、こういうことはいくらもある。と言うより、歴史とは、こういう意識によって作られていくのだ、と思う。ある形が定着すると、それ以前の時代は、すべてその形を準備するため、その形を目指して動いてきたかのように見る。一つの時代は、ある特定のモデルを模範として切り取られ、他の残りは余り物、余計もののごとく見なされる。

句点による切れ目という日本文の形が、今日と同じような形で初めて提唱されたのは、この頃のちょっと前、一八八七（明治二十）年前後のことにすぎなかった。私の見るところ、まず小学校の国語教科書を中心とするあたりで、この形は現われ、ややおくれて、二葉亭四迷《ふたばていしめい》、山田美妙《やまだびみょう》らの文章を通して、知識人たちに、この句点による切れ目の意識が形作られていった。

いずれの場合にも、その背景には翻訳があった。翻訳を契機として、ヨーロッパ語の文、つまり sentence をモデルとして、句点による切れ目という意識が作られたのである。「文」が作られたのである。それは、「古より」すでにあったものが、ようやく自覚された、とか、目覚めた、というのではなく、外部からの契機によって、新たに作られたものだったのである。このような事情については、後で、第三章にまた詳しく述べよう。

ここでは、この頃の日本文が、翻訳をきっかけとして、いかに惑い、混乱していたか、というところに焦点を当てて、一つの例を紹介し、見てみたいと思う。

落合直文の前掲書が出た翌年、一八九四（明治二十七）年に、『ロビンソン・クルーソー』の翻訳が、『ロビンソンクルーソー絶島漂流記』と題して、高橋峰雄訳で出版されている。その冒頭に近い一節を、原文と並べて引用しよう。二つの文章の、それぞれの切れ目に注目していただきたい。

余は則ち第三男にして少小より嘗て一の商売を習ひたることとなく、従て早くより心中窃かに浪遊の考を生じたりき、父は極めて実着なる気質なりければ、先ず余に世間一般の家庭教育則ち田舎小学の課程に相当するだけの学問を授け。さては余を法律家となさんとしたれども、余は海に浮んで冒険をなさんとするの外何事をも好まず。此心は遂に余をして父の意志命令に背き、母の懇請朋友の勧告に背きて、性癖の犠牲となり、一身の不幸直ちに身の上に生ぜんと見ゆるばかり、強く余を危道に導きたりけり。

Being the third son of the family and not bred to any trade, my head began to be fill'd very early with rambling thoughts. My father, who was very ancient, had given me a competent share of learning, as far as house-education and a country free-school generally goes, and design'd me for the law; but I would be satisfied with nothing but going to sea, and my inclination to this led me so strongly against the will, nay, the commands of my father, and against all the entreaties and persuasions of my mother and other friends, that there seem'd to be something fatal in that propension of nature tending directly to the life of misery which was to befal me.

一見して日本文における句読点の打ち方が、今日のやり方と違っていることに気づく。「生じたりき、」や、「授け。」は、この二つがすぐ近くに並んでいるだけに、ちょっと奇妙にも感じられよう。引用文は、始めのあたりの、ちょっと目についた所を取り上げたのだが、同じような用例は、この文章中の至るところにある。いったいこの筆者は、どんな考えで句読点を使っていたのか。それを、この引用文を中心として調べつつ考えてみよう。

まず、句点を中心に調べてみよう。用例は三つで、「授け。」「好まず。」「導きたりけり。」である（引用文中で罫《けい》を引いた）。この三例中、始めの例は、今日の句読法と合致しない。次に、今日の用法から見て句点を打つべきなのに、読点を用いている例が一つあり、「生じたりき、」となっている（同じく引用文中で罫を引いた）。さらに、英文のピリオドとの対応を見ると、英文のピリオドは訳文の「生じたりき」の後と、終りの「導きたりけり」の後とに対応する。前例は句点と対応せず、後例は句点と対応している。

以上、この文の句点の使われ方は、用言のいわゆる終止形の後という今日の用法と比較しても、また、英文のピリオドとの対応という見地から見ても、半分ぐらい合っていて、半分ぐらいはずれている、と大ざっぱに言うことができよう。また、調べるまでもなく、句点とピリオドとの対応の率は、読点とピリオドとの対応の率より、はるかに高い。本書の訳文全体について、大体以上のように言えるであろうと思う。

次に、句点と読点とを一つにまとめて、文の切れ目という見地から見てみよう。英文の方には三種の切れ目、ピリオド（.）、セミ・コロン（;）、コンマ（,）があるが、これらを一つにしよう。数えてみると、日本文では、句点が三つ、読点が八つ、合計の切れ目は十一ある。

英文の方では、ピリオドが二つ、セミ・コロンが一つ、コンマが十で、切れ目の合計は十三ある。いま両者をつき合わせてみよう。わりあい忠実な翻訳なので、対応する所はすぐ分る。九か所ある。つまり、日本文の切れ目のうち、$\frac{9}{11}$は英文の切れ目と対応している。英文の方を中心に見ると、この対応の率は、$\frac{9}{13}$となる。もっとも、英文のコンマには、father, who のような同格のコンマ、および、will, nay, the のような挿入語の前後のコンマと、やや特殊な用例があるので、もしこの三例のコンマを除いて考えれば、対応率は$\frac{9}{10}$となって、これも高い率となる。

以上のことから、この訳者の日本文における切れ目は、英文の切れ目にならっていた、と考えられる。このことは、同じ筆者の翻訳文ではない日本文、同書の「例言」を見ても分る。それは、

> 此書は世界三大奇書の一にして而して亦実に三大奇書中の最大奇書たり欧米諸国に於ては人として之を読まざるなく家として之を備へさるなし故に刊本数十種に上り……

と、切れ目の全くない、つまり当時のもっともふつうの日本文の書き方で書かれてい

るのである。

以上のことをまとめて考えよう。この訳者は、英文における文章の切れ目にならって、翻訳の日本文にも切れ目を打とうと思った。切れ目は、当時行われ始めていたように、日本文では大・小二種を用いた。つまり句点と読点である。句点の方が大きい切れ目であることも承知していた。その大きい切れ目は、英文のピリオドとある程度対応し、日本文の終止形の後の所ともある程度対応する。が、そうでない場合も多い。結局、筆者が文を書いていくときの、息つぎの、間《ま》の感覚のようなもので決めていったのであろうか。

以上のことは、日本文の文章のうちに切れ目を見出《みいだ》すことは比較的容易だったが、大きい切れ目、小さい切れ目の区別を見出すのが、意外に困難だったことを示している、と思う。

新しい日本「文」の出現

日本文における句点を打つ切れ目、つまり「文」という単位は、かつて明治の初年から二十年代頃まで、文章を書く人たちに、ほとんど意識されていなかったのである。「文」という単位の考えは、もっぱら sentence とか Satz という単位との出会い、およびその考えの翻訳の結果、それをモデルとして外側から日本文に宛てはめて作っていった。そのように、日本文をしだいに作り変えていったのである。

それは、何よりも書き言葉としての日本語独自の出来事であって、この例で見たように、とにかくまず「文」として切らねばならない、という要請があったのであった。そしてその次に、ではどこで切るかとなり、さらに切った後はどうするか、つまり文末語としてどんな言葉を置くか、という問題となったのである。

やがて、「た」「だ」「である」のような、文末語、あるいは陳述の言葉の形を選び、作っていくことになった。こうして作られた切れ目のある「文」は、一方で、翻訳可能な、論理的な表現に適するようになったが、他方で、話し言葉から離れ、その柔軟な流れを見失った。

文章語は近代以後、急速に変ったので、その語感の変遷はともすれば分りにくくなっているが、「た。」「だ。」「である。」のような少数の言葉の単調なくり返しで、ポキポキ切れるような今日の日本語文は、決して読んで美しい声調をもった言葉ではない。

外《と》山《やま》滋《しげ》比《ひ》古《こ》がその著でくり返し述べているように、日本文は、翻訳文を先頭に立てつつ、言葉の音声を見失ってきたのである。

現代日本「文」が、こうして人工的に作られた「文」である、ということは、明治初年から二十年代頃までの文法書が、「文」という単位についてほとんど述べていないのを見てもよく分る。当時の文法学者たちは、当時、および当時までの日本文について、少なくとも sentence の翻訳概念としての「文」という単位の必要を認めなかったのである。

大久保忠利《おおくぼただとし》は、『日本文法陳述論』（一九六八年）で、このような事実を指摘した後のむすびにこう述べている。

以上、明治期四十五年間の「文」意識の展開を明治期の主な文法書について見てきた。明治初期には「文」に触れるものがごく少なかったものが、しだいに夜明けの陽がさすように各書がそれに触れ、同時に「構文法」を説くようになり、同時に「組立法」についても詳説するようになってくる。このところに、日本人の明治期における「文」意識の目ざめを見ることができたと思う。

これは、始めにも紹介した落合直文の説と同じように、歴史を逆さに見る見方であろう、と私は考える。日本文は、かつて sentence と出合い、sentence をモデルとして、やがて「文」を作り出した。「文」は、それ以前の日本文の形とは確かに違うが、他方また、sentence とも、その構造は同じではない。

が、「文」の意識は明らかになった。句点を打つ場所は「惑ふことなく」なった。

この事情を、「『文』意識の目ざめ」と見るのは、作られた後の「文」を通して、作られる以前をふり返る見方であろう、と考える。このような見方から、必然的に、歴史は「しだいに夜明けの陽がさすように」見えてくるのであろう。「文」以前の時代は、「夜明け」以前の暗闇と見えてくるのであろう。

第二章　日本文の二重構造

日本語の二重構造

「分るはずがない」という確信

言葉は文化の基本構造である。私たちの話し言葉、書き言葉の二重の構造は、日本文化の根深い基本構造を形作っている、と私は考える。そこで、私たちの言葉の二重構造を、文化の二重構造との関連から考えてみたいと思う。

一般に日本人は、自分たち日本の生活習慣や固有の文化などを、非常に特殊なものだと考えているようである。このことは外国人と直接つき合うような場合にもっともはっきり現われてくることだが、たとえば、取引先の人と出合うときの挨拶《あいさつ》の仕方、用件の持出し方、さては夜の接待のやり方など、こういうわれわれ独自のやり方は、とうてい外国人には分るわけがないと思う。またたとえば、浪花《なにわ》節や俳句などの伝統芸能についても、通り一遍のことならともかく、その微妙な味わいについては、外国人は全く立入ることのできぬ領域である、と思う。

もちろん、こういう考え方は、外国人とつき合ったときよく分ることなのだが、ここで大事なことは、外国人とのつき合いのない人々でも、このような日本固有の慣習や文化の特殊性について、一般にかなりはっきりとした考えを持っている、と思われることである。「日本人でなきゃ分らないね」というようなよく聞かれる文句は、当然その裏に、「外国人には分らないね」という意味を含めている。そして、このような文句は、多くの日本人が、確信をもって断言するのである。

もっとも、近頃は日本の国際的地位の向上とともに、外国人が日本の会社に見学にきて、その特殊な人間関係の機構を学ぼうとしたり、また、禅や日本料理などが外国でもてはやされたりする。日本文化の特殊性を確信をもって断言する多数の日本人は、このことにいささか驚く。一方、嬉《うれ》しくもあり得意でもある。が、結局のところ、「分るはずがない」という根本の確信は、おそらくゆるがないであろう。「分るはずがない」ということは、事実として分るかどうかとは、一応別のことなのである。

ところで、他方、私たちの国は、世界中の各国から、その文化の精髄ともいうべきものを、熱心に取り入れ、理解し、自分たちのものにしようとしてきた。工業、発明、制度から芸術、料理に至るまで、一般に優れている、先進的である、と評価されるものは、たいてい日本に取り入れられている。そして、こうして取り入れられた異国の文化を、私たちは「分る」、少なくとも、「分らない」とはまず思わないであろう。

以上、ごく簡単に概観した私たち日本人の文化観は、一見別々の現象のようであるが、これは一つの視点からとらえるべきであろう、と私は考える。つまり、一方で、外国人に「分るはずがない」固有の文化、他方で「分るはず」の異国渡来の文化、この二つの文化理解の態度は、基本的に一つのものの考え方からきている、と思うのである。

いったい、この島国に住んで、直接外国人とのつき合いを知らぬ多数の日本人が、私たちじしんの文化の独自性について、確信とも思えるほどの基本的考え方を持っているのはなぜか。それは、他方で、私たちはすぐ傍らに、すでに取り入れた異国の文化を持っているからである。両者ははっきりと対立している。そしてたがいに対立させられている、ということが、実は私たちのものの理解の仕方なのである。

「分るはず」の文化は、すでに私たちの生活の中にある。それは元来異国渡来の素姓であるが、私たちの中に取り入れられ、もっと大きな一つの構造の中で位置づけられている。もっと正確に言えば、初めに一つの文化構造があって、そこにおける「分るはず」の文化が、元来異国渡来の素姓なのである。「分る」のは、まず私たち日本人にとってであり、そしてまた、その素姓の上から言って、外国人にとってなのだ。したがって、このことからまた、この一つの文化構造における「分る」部分の要素は、本質的に普遍的な性格を持っているはず、とされる。

そこで、私たち日本人が、外国人に対して意思を伝達したい、と思うときは、この「分るはず」の要素を使用する。日本人と外国人とのつき合いは、「分るはず」の文化要素によって行なわれる。逆に言えば、日本人と外国人とのつき合いは、「分らないはず」の文化要素の方には立入ってこない、ということである。日本人が、外国人を、容易にここへは立入らせないのである。

たとえば、日本にかなり長く住みついて、しかも日本に好意を持っていて、何とか日本を知ろうとする外国人が、よく、日本人はなかなか社交的で、私たちのちょっとした日本知識もほめてくれたりするが、さてそれ以上のつき合いにはどうも立入らせてくれない、などと嘆く。私たちの対外態度の二重性を、外側からとらえた批評である。

分るはずの言葉、分らないはずの言葉

以上のように、日本の文化は、基本的に二重の構造を持っている、と私は考える。

この二重の要素は、タテマエとホンネと言うのとも共通するところがある。オモテとウラ、ハレとケ、なども似ている。が、とくに、私がここで、「分るはず」と「分らないはず」の一対の二重要素で説いたのは、本論である言葉論との関連から考えたためであった。

翻訳と日本語というようなテーマで考えるとき、まず、日本語の基本的な二重構造というものを、私は根底に置かざるをえない。この二重構造は、まさしく前述の日本文化の二重性と対応している。と言うよりも、私の考えの視点によれば、言葉の構造こそ下部構造であって、思考様式、文化のパターンの方はむしろその上部構造である、と考える。

日本文化の二重構造ということは、文化論ばかりでなく、政治思想史や経済学などの分野でも、近年指摘されることがある。が、日本語の二重構造というような意見は、まず聞くことがない。私は敢《あ》えてそれを言い出そうとする。それは、他方に、私の問題意識として、日本文化が課題となっているからである。

そこで、ここから言葉の問題に入っていこう。

日本語における二重構造ということは、まともに言われはしないとしても、よく見てみると、あちらこちらに、それと共通する発想や表現形態が見つかる。たとえば、古く和漢混交文と言うときの「和」と「漢」がそうである。同じ系譜で、漢字かな交り文と言うときの「漢字」と「かな」もそうだ。同じくまた、私たちの漢字の二重のよみ、つまり「音」と「訓」とがそうだ。

そしてこのような表現形態についての意識的な反省、指摘としては、本居宣長《もとおりのりなが》の『詞玉緒《ことばのたまのお》』における、「玉」と「玉緒」とがそうだ。宣長のこの考え方は、いわゆる鈴屋《すずのや》門下に継承されるのだが、やはり、近代におけるその継承者である代表的国語学者、時枝誠記《ときえだもとき》を挙げなくてはならない。

時枝の国語文法論では、詞《し》と辞《じ》との二大別を基本に置いている。詞とは、品詞で言えば名詞、動詞、形容詞、などであり、辞とは助詞、助動詞が中心である。そして、詞とは「概念過程を経て成立したもの」であり、「主体に対する客体界を表現」し、他方、辞は、概念過程を経ない「主体それ自身の直接的表現」である、と言う（『国語学原論』）。そして、日本文は、辞が、詞、または詞と辞を含む一連の言葉をまとめ、統一していくような構造である、と説いている。

以上ごく大ざっぱに概観したところをまとめると、日本文は、基本的に二つの要素から成っており、その一つは、漢字、または漢字で表現するのに適した言葉、時枝の言う詞、もう一つは、かな、またはかなで表現するのに適した言葉、時枝の辞、から成り立っている、と言えよう。

漢字とはもちろん元来異国の文字である。そこで、日本文は、異国の素姓の言葉を、自らの胎内に包みこんでできあがっている。このことは、もう一つの面から見ると、異国の素姓の言葉を自らの内部に入りこませながら、他方の生粋の自国の言葉とまぎれさせることなく、構造的に併存させている、ということなのである。

日本語における翻訳の機能は、まず基本的に、この漢字中心の詞の言葉が担当している、と言うことができる。近代以後、それ以前の中国語受容文化から、西欧語受容文化へと変わったときも、媒体として利用されたのはやはり主として漢字であった。翻訳の要請にこたえて、漢字の新語が続々と作られた。概念、主体、客体、等である。また、従来使われていた漢字も、翻訳語としての新しい意味を担うようになった。たとえば今日、文化という言葉を見れば、多数の日本人は、culture という横文字を思い浮べるであろうし、表現とは expression のことだ、と思うであろう。

私たちが culture という言葉を聞いて、すぐその意味が「分るはず」と思うのは、この言葉が文化という漢字に対応しているためなのである。たとえ、今、たまたまよくは分らなかったとしても、文化という文字で表わされている以上、分らぬはずがない、と思う。だから、このような機能の漢字とは私たち日本人にとって普遍的な意味の言葉だ、と言うことができよう。

漢字製翻訳語が日本人にとって普遍的な言葉である、ということは、日本語から外国語へという翻訳の場合にもよく示される。たとえば、「あらわす」とか、「あらわれる」というやまと言葉を横文字にしようと思うとき、これを「表現する」と言い換えてみる。そしてその上で、expressだ、と思う。こみ入った文章の翻訳の場合ほど、このような漢字表現を媒介とした横文字への転化は、はっきりしてくるだろう。

書き言葉と話し言葉の構造的対立

日本語における二重構造とは、本質的に、土着の言葉と、外来の素姓の言葉との二重構造なのである。したがってその二重性は、漢字、かなというような個々の単語のレベルばかりでなく、文法や文体などにもとらえることができる。

外来の素姓の言葉の基本的な文体は、漢文訓読の文体である。これは蘭学を経て、明治の英学へと受け継がれ、翻訳における直訳の文体を作った。この直訳文体は、翻訳の場に限られず、普通の文章表現にも及んでいき、文章家たちの工夫によってしだいに洗練され、遂に近代日本の文章語を作った、と私は考えるのである。

このような系譜を大きくたどって考えてみると、現代日本語の書き言葉の文とは、外来の素姓の側にあるのであって、他方、土着的な話し言葉の文と対立している。エクリチュール（書き言葉）とパロール（話し言葉）との対立である。書き言葉の文は、まず漢字表現が多い。文章の分野にもよるが、カタカナの言葉もよく使われる。私の視点によれば、いわゆるカタカナの外来語は、伝統的な漢字表現と同一の機能を果たしている。書き言葉は、文法的には、主語が多く使われ、名詞中心の横文が多くなる。

書き言葉の文の素姓は、もちろん広い意味での翻訳文であり、直訳調文体がその原型であるが、重要なことは、書き言葉が、話し言葉に対して、構造として対立している、ということだ。たとえば小学校で、次の言葉を使って短文を作りなさい、というとき、主語を書かなければバツ点である。そして文末は終止形ではっきりと終え、句点をうたなければいけない。

こうして、書き言葉の文は、文法上の「文」を基本として成立していなければならない、という意識がつくられていく。他方、私たちの話し言葉の文は、「文」を基本としてはいない、と私は考える。

書き言葉と話し言葉との対立は、こうして、書き言葉の側から、話し言葉を警戒し、拒否し、それと対立しつつ形作られていく、と見ることもできる。書き言葉は、日本語では、話し言葉を単にうつすものではない。この点、西欧語におけるパロールとエクリチュールの関係と明白に違っている。

話し言葉は、土着の深い根に支えられて脈々と生き続けてきたわけだが、他方で、書き言葉の側からの警戒、拒否をその裏側で受けとめている。話し言葉は、改まった言葉使いではない。まともに表に出せる言葉ではない、として、絶えず自らを規定させられている。表に出し、外に出したら、そのままでは「分らないはず」の言葉使いなのである。それは、気心の知れた者どうしの間でのみ許される裏方の言葉使いであり、だからこそまた、ホンネを吐くことのできる言葉なのである。

こうして、日本語における二重の構造は、基本的には翻訳に適しているか否か、というところから、個々の言葉においても、また文体、文法の面でも考察することができるが、さらに、「分るはず」の書き言葉の文じたい、「分らないはず」の話し言葉の文じたいにおいても、二重の構造をとらえることができる。時枝文法の入れ子型とは、このような二重構造の典型的なモデルである、として見直すこともできるであろう。

日本語の国際性

日本語の国際性と閉鎖性

日本語には、ヨソユキの日本語と、フダン用の日本語との二種類がある、と私は考えている。それは、書き言葉と話し言葉、とか、敬語とそうでない言葉使い、というような区別の仕方と似ているところもある。しかし、区別の視点が違うのである。日本語の国際性、というような問題を考えるとき、日本語のもつこの二重の性格をぜひ念頭に置きたいと思う。私の結論をごく簡単に言うならば、日本語における国際的な働きの面は、おもにこのヨソユキの日本語が担当している、ということである。

およそ言葉に限らず、日本の文化全般について、ヨソユキとフダンというような二重の構造を、基本的に考えることができる。丸山真男《まるやままさお》の言った有名なタテマエとホンネもそれと似ている。表と裏とも言う。外と内、ハレとケなどとも言う。

たとえば、日本にやってきて、かなり日本をよく知った外国人が、日本人に対してよくもらす不満に、ちょっとしたことで日本人は外国人をほめすぎる、というのがある。箸《はし》をあやつって食事をした、といってはほめる。日本語の俗語をうまく口にした、といってはほめる、という。確かにそういう傾向がある。思うに、日本人は、髪や皮膚の色の違う人たちと、あくまでもヨソユキの態度で接しようとするのであろう。ヨソユキの目で見ると、意外にうまい、で、ほめるのだ。この場合、フダンの目で見れば、決してほめるほどのことではない。が、私たち日本人は、外国人を、フダンの場に置いて見ようとはしない、フダンの生活の場に引き込もうとしないのである。

こういうヨソユキとフダンの使い分けは、私たち日本人は皆、幼い子供の頃から、両親とのやりとりを通じて教え込まれ、心得るようになっている。お客様にはヨソユキの顔を見せるものである。お客に行ったなら、ヨソユキの態度を持していなければならない。相手のフダンに入り込もうとするのは失礼である。たまたまフダンの取り散らかしているところなどを見てしまったら、見ないふりをすべきである。相手もまた、見られてしまったけれど、見ないものとして見過ごした客の態度を、当然のことと了解するだろう。

つまり、人々はたがいに、ヨソユキはヨソユキどうしで、そしてその同じ人が、フダンはフダンとしてつき合うのである。これは日本人どうしのつき合いの型であるが、外国人とのつき合いとなると、ヨソユキのつき合いはあっても、どうもフダンのつき合いの面が欠ける。簡単に言えば、これが、日本人の外国人とのつき合いの基本的な型とも言えよう。このような日本人の行動様式は、実に根の深いものであって、これを、私はここで、ヨソユキ・フダンの二重の構造として考えるわけである。私たちの言葉にも、これと共通の二重の構造がある。実は、言葉の方がより深い構造、つまり下部構造であって、これが日本の文化の構造を、基礎から支えているのではないか、そう私は考えているのである。

ヨソユキの日本語

さてそこで、ヨソユキの日本語について考えよう。それは、おもに漢字二字でできた言葉を多く交えた、どこかとりすました調子の言葉使いである。たとえば、「いい加減にやってちゃいけないよ」と言えばフダンの日本語だが、同じような意味でも「責任を自覚して良心的に行動することを要望したい」とでも言えばヨソユキである。

ヨソユキ言葉の歴史上の源をさかのぼると、漢文訓読という言葉の訓練に行きつく。漢文とは、元来外国語の文章である。それを、日本人は一字一字訓読みし、順序をひっくり返し、テニヲハと言われる付属語などを補って、日本文らしく読んだのである。

それは、先進文明の言葉を何とか理解するための、先祖たちの編み出した独自の工夫であった。やがてこの漢文訓読調の言葉使いは、勉学用として、公用語として、公的な挨拶用語として使われるようになった。そして、他方のフダンの言葉使い、すなわち伝統的なやまと言葉のくだけた調子の文章と並行し、混在しつつ、人々に使い分けられるようになった。

この訓読法は、近代以後ヨーロッパ、アメリカの言葉を受け入れたときにも継承されたのである。英語やドイツ語なども また、訓読された。つまり、一語一語日本語で対応させ、順序をひっくり返し、テニヲハをつけて読み下す、という方法で習得された。

考えてみると、それは異国語を一応理解し、翻訳するための、まことに能率的な方法だったのである。極端に言えば、原文の意味はあまりよく分からなくても、とにかく辞書さえあれば、その翻訳日本文を作ってしまうことができるような方法なのである。

一般に、一つの言語が、異質な他の言語と接触し、その影響を受けて変化するとき、変化しやすい部分と、変化しにくい部分とがある。個々の単語はもっとも変化しやすい。中でも、品詞で言うと、名詞がもっとも異質な言葉を受け入れやすい。これに対して、もっとも変化しにくいのは音韻構造である。そして、文法構造は、変化の度合いは、この両者の中間ぐらいである。たとえば、「理性」とか、「リアリズム」とかの言葉は、もとは西欧語に由来する名詞であるが、近代以後漢字やカタカナで造語され、その後比較的容易に日本語の中に入ってきた。しかし、「リアリズム」は日本語になっても、realism の音声を正確に発言することは、日本人にとっては非常に困難なのである。

文法構造について言うと、異国語にあって日本語にはないようなある文型を、異国語の影響によって作り出す、ということは相当に困難である。しかし、今までにも日本にあった文型の中から、とくにどれかを翻訳用として選び出し、その機能を多少変えて使う、というやり方がよく用いられている。たとえば、現代日本語に「何々は何々である」というような文型がある。これは今日では日本文の一つの典型として考えられているし、学校文法でもそう扱われている。しかし、そのもとは、近代以後、翻訳用に選ばれ、変えられ、いわば、ほとんど翻訳用文型として作られた、と言ってもいいくらいなのである。

もう少し詳しく言うと、「何々は」という言い方は、もともとは必ずしも主格の表現ではなかったのだが、蘭学者のオランダ語翻訳以後、もっぱら西欧語の主語を表わすために使われるようになった。また、「何々である」という言い方は、英語のbe動詞に相当するオランダ語の翻訳で、やはり蘭学者によって盛んに使われ始めたのである。be動詞には、存在を表わす意味と、判断のつながりを表わす意味とがあるが、日本文には、元来前者の意味はあっても、後者の意味はなかったと言うべきである。それが、やはり翻訳で作り出されたのである。

この「何々は何々である」という言い方は、翻訳的文型の典型であるように思われる。「民主主義は自由である」とか、「彼女は彼の恋人である」というように、硬い語感の文を続々と作り出す。この語感の中心に、名詞がある。この文型こそ、名詞多用文体の典型なのである。

ヨソユキ・フダンの二重構造

ヨソユキの日本語とは、一口に言えば、名詞多用の文体のことである。それは、いわば有史以来、私たちが育ててきた外国語受け入れ用の言葉であった。これに対して、フダン用の日本語とは、名詞よりも、動詞や形容詞などの用言中心の文である。漢字よりもかなで書くのに適した文である。

史上、漢文訓読調で語られる思想・文化に対して、他方にかな中心の文化があった。

それは今日でも、私たちの日本語の中に、あたかも二つの言語体系が共存しているかのように生き続けている。私たちはこの二つを使い分けている。ヨソユキの場、つまり会社や学校や、公けの言論の場で使われる言葉と、家庭内や、親しい人どうしなど、私的な場の言葉との区別である。こういう言葉使いの使い分けに従って、始めにも述べた日本文化の二重性格もまた形作られている、と私は考える。

私たちは、外国の文化とは、このヨソユキの日本語を通して付き合う。ヨソユキの日本語は、それなりにしっかりした構造を持っていて、どんな外国語の文でも、とにかくこれで一応翻訳可能である。学校時代、英語の時間に訓練された直訳文の作り方を思い出していただければ、日本人は誰でもこの事情を理解できるだろう。

私たちは、外国の文化もまた直訳しているのである。この直訳という方法でこそ、世界でも稀《まれ》なほど、世界中のあらゆる文化の精粋を、あちらからも、こちらからも、比較的たやすく取り集めてくることができた。この点で、日本語におけるこのヨソユキ言葉に根を置く方法は、日本文化の国際性を豊かにしている長所、と考えられる。

しかし、その反面を考えなければならない。ヨソユキの日本語は、こうしてもっぱら外国語を日本語へ受け入れるために、いわば国際的な受信用として育ってきた言葉であるが、その反対の、文化の発信の場合を考えてみよう。たとえば和文英訳である。

その和文がフダンの日本語である限り、困難はたちまちやってくる。

そこで、そのフダンの日本語を、いったんヨソユキの日本語に言い換え、翻訳し、その上でそれを英文にする。結局、外国語と直接付き合うのは、やはりヨソユキの日本語ということになり、フダンの日本語の発信の道は、意外に閉ざされているのである。つまり、フダンの日本文化は国際的にはきわめて閉鎖的で、他方にヨソユキ日本語があるおかげでかえって閉鎖的なままで温存されるような仕組みになっている、と考えられるのである。

第三章　句読法の歴史

センテンスをお手本にした日本語句読法

日本における句読点が、今日のような形ではっきりと現われたのは、私の見たところ、一八八六（明治十九）年のことである。ところが、それは、はっきりと提示されるとすぐ人々が同意し、それにならった句読法の文が一般に書かれるようになった、というようなわけではなかった。第一章で紹介したように、また後でもっと例示するが、その後も、およそ十年以上もの間、さまざまの句読法の打ち方が提示され、試みられていた。そのような流れ全体の中で見てみると、一八八六年に提示された今日流の句読点は、試みのうちの一つとも見られるのである。

しかし、結局、やがてこの句読法だけが残り、二十年後の一九〇六（明治三十九）年には法制化される。なぜだったのか。要するにこの句読法、とくにその句点の打ち方が、西欧語文のセンテンス sentence をお手本にしたやり方だったからなのである。センテンスをお手本にした切れ目を日本文の中にも考えて、そこに句点を打つ。このことは、センテンスをお手本にした切れ目を、日本文の中に見つけだした、ということではない、と私は考えるのである。もともと日本文の中には、句点を当然打つべき所があって、それまでは日本文の筆者たちが敢《あ》えて句切れのしるしを打たず、気づかなかったのが、あるとき以後、このことに気づいた、というようなことではない、と私は考える。

こういう私の見方は、従来の日本語文についての常識とは全く反するのであるが、句読法成立の歴史を調べてみると、そう言わざるをえないのである。

句点を打つべき切れ目、と言えば、文の終りのことである。そこで私の言っていることは、日本語における「文」とは、明治の中頃以後、西欧語のセンテンスをお手本として、人工的に作られたものだ、ということになる。

文法上の「文」とは、英語で言うセンテンス sentence の翻訳語である。そこでまた、およそセンテンス＝文とは、決して普遍的な言葉の形なのではなく、元来西欧語固有の形であって、日本では、これをモデルとして、日本語にも文という単位を作りあげていった。今日ではすでに百年ほどの歴史を持っているわけだが、百年という時間は、言葉の歴史にとって長いものではない。むしろ短い。日本語「文」は、書き言葉における重要な単位として人為的に作られてから、まだ日が浅いのだ。未完成である、と言うこともできるであろうと思う。

文の成立にとっては、どこで切るかという切れ目だけでなく、切れ目の言葉の形を作るということ、つまり文末語の問題も重要であるが、それについては次章で述べることにして、ここでは、以下、だいたい歴史的な順序を追って、句読法、とくに句点に焦点を宛てて、考察していきたいと思う。

蘭学者の句読法の見方

近代以前では、蘭学者が、オランダ語文法書を紹介した書物の中に、句読法についての記述がある。一八一〇（文化《ぶんか》七）年、藤林普山《ふじばやしふざん》が、著書『訳鍵』の付録にして刊行した「蘭学逕《らんがくけい》」という書物である。一部を引用すると、

（・）　プンクト。又スロイトプント。ト名ク。畢標《ひつひょう》ト翻ス。此ヲ認レハ。大終ヲ知ル

（：）　ドウプンクト。又ドッペル。プント。又リドテーケン。ト名ク。重畢標又節標ト翻ス。此ヲ認レハ全体畢《おわっ》テ。猶未だ尽サルヲ知ル

（，）　コムマ。又シケイドテーケン。ト名ク。区別標ト翻ス。此ヲ認レハ。事物

一箇ヲ区別スルヲ知ル

……

按スルニ。此ハ支那ノ句読点画ト。大抵髣髴《ほうふつ》タリ。翻葉ヲ修ルノ士。先此十記ヲ領得セン事ヲ要ス。苟《いやしくも》此ニ依サル寸《とき》ハ。前後事ヲ乱シ。左右義ヲ錯《あやま》ル。故ニ。余嘗テ云。西書ノ諸標アルハ。猶航海ノ羅盤アルガ如ク。特ニ最重ノ事ナリ。皇国昔ヨリ此式ヲ闕《か》ク。故ニ仮名ノミノ書ニ至テハ。上字或ハ下ニ混シ。後字反テ前ニ属シ。此ヲ読人。各己ガ意ニ任セ。紛々タル議論。終ニ一定シ難シ。必竟《ひっきょう》此法ヲ施《ほどこさ》サルニ因《よる》ノミ（本章における引用文の句読点、そしてかな使いは原文のままとした）

なるほど、英語のピリオドに相当する「・」は、「畢標」、つまり終りのしるしである、と言う。「此ヲ認レハ。大終ヲ知ル」というわけである。これが、その後日本語の書き方のお手本として受継がれて、句点「。」になったわけである。

その後を見ると、「西書ノ諸標アルハ。猶航海ノ羅盤アルガ如ク。特ニ最重ノ事ナリ。皇国昔ヨリ此式ヲ闕ク」と、うらやましいことだ、という様子がうかがえる。そして「故ニ仮名ノミノ書ニ至テハ。上字或ハ下ニ混シ。……紛々タル議論。終ニ一定シ難シ」と反省している。確かに、かな書きの日本文では、今日でも、筆で書くときは、句読点を全く使わないのが原則である。そこでたとえば、「おやじしんだかねおくれ」のような、「上字或ハ下ニ混シ」のような問題も起るわけである。

ところが、「仮名ノミノ書」でなく、漢字かな交り文の場合は、このような心配はまずいらない。第一、この句読法を紹介した文じたいが、ただ一種類の「。」を用いているだけである。

この当時、近代以前の日本文では、かな文に限らず、漢字かな交り文でも、句読法は全く使わないのが多かった。近世以後、「。」や「、」の用例は多くなるが、その場合でも、「。」だけ、または「、」だけ、という使い方である。だからもちろんこれは今日の句点、読点とは働きが違う。どちらかと言えば今日の読点に近いのだが、句点に対する読点の意味ではない。この「蘭学逕」じたいの「。」が示しているように、読む場合の息継ぎと似ている。だから、段落の終りに相当するような場合には、この「。」も打たない。前掲文がそうである。つまり、この「。」は、何らかの文の単位の、積極的な終りのしるしではない、と言うべきであろう。

小学読本における句読法の試み

近代に入って、明治の初めから中期にかけて、今日のような句読法の形式やその定着にもっとも大きな役割を果たしていたのは、私の見る限りでは二つである。一つは小学校の国語読本を中心とする文章の書き方、もう一つは翻訳小説である。いずれも翻訳が源になっている。

このうち翻訳小説については、二葉亭四迷の「余が翻訳の標準」(一九〇六＝明治三十九年)のような、句読法についての苦心談を語った有名な文もあって、従来からも注目されてきた。他方の国語読本などの方は、ほとんどとりあげられてこなかったようである。そこで、こちらの方に重点を置いて見ていきたいと思う。

近代の初め、日本の小学校国語読本は、英語の初心者向きリーダーをお手本としていた。そして、その少なからぬ部分は翻訳だったのである。

一八七三(明治六)年、文部省の田中義廉《たなかよしかど》の編集した『小学読本』が出版された。新時代の教育の先駆けとなって、当時広く普及した教科書である。その翌一八七四(明治七)年版を見ると、巻之一の初めに続くあたりに、次のような一節がある。

此児は、新しき、紙鳶を持てり、○彼が、糸を持ちて、走るを見よ、○彼は、紙鳶を高く飛ばせんと、思ふなり、○汝も、紙鳶の颺るを、欲するか、○紙鳶の、颺りたるときは、能く心を用ゐよ、○糸の樹に纏ふことあるべし、」

この教科書の文章は、ほとんどアメリカのウィルソンのリーダー Marcius Willson : *The Readers of the School and Family Series* の翻訳である。この部分に対応する原文を見ると、こうなっている。

This boy has a new kite. Do you see him run with it? He can fly the kite in the air. He has hold of the line. Do you see the kite go up? It is up in the sky. Take care; or the line will get fast in the tree.

以上二つの文章の、切れ目のしるしに注目してみよう。日本文の「、」は、英文とは関係なく、こまかく区切ってある。年少の読者への配慮であろうし、「、」や「。」のこういう打ち方に関しては、江戸時代以来の伝統もあった。前にも述べたように、これはその後の句読法の読点に近い。ところが、もう一つ、大きな丸がある。「○」は、区切られた文章の始めにつけられているのだが、これを境として切られた文章は、英文のピリオド、疑問符、セミコロンで切られた部分と対応している。この教科書の文章の全体について、だいたいそう言えるのだが、引用されたところでは全く正確にそうなっている。

おそらくこの筆者にとって、この翻訳日本文には二種類の区切られる単位があった。一つは「、」で区切られる小さい単位、もう一つは「○」で区切られる大きい単位である。後者は、その後「。」で区切られるようになった「文」とだいたい一致する。それは、どれも用言の終止形か、終助詞で終っている。もっとも、もう一つ、段落の終りに「」」というかぎ括弧《かっこ》のしるしがある。これはピリオドや句点より大きな単位なので、ここでは考察は省略しよう。

もう一ヵ所見てみよう。まず『小学読本』巻之一の一節、

爰に、槻の大木あり、○汝は、此木の年を経たる、数を知れるか、○此木の、年を経たる、数を、知らんことを欲せば、横に、切りて、木理の輪を、数へ見るべし、○木理の輪は、年毎に、一つの外は、生ぜざるものなれば、輪の数にて、其経たる、年の数を、知るゝなり、○木理の輪は、大概、木の心より、増すものなれども、稀には、外面より、増すものもあり、」

次に、この部分に対応するウィルソンのリーダーを見てみよう。

Thou art an old oak tree. But who knows how old thou art? Thou hast a long trunk: but we could saw thy trunk in two, and count the rings of thy growth, we could tell thy age. It would be equal to the number of the rings. But we will not cut thee down.

引用した日本文には、○が四つ、したがってこれによって五つの部分に区切られている。英文の方は、大きな切れ目としてピリオドが四つ、クエッション・マークが一つで、計五である。今それぞれの対応関係をみると、日本文の始めの二つの部分と、英文の始めの二つの切れ目が対応していることはすぐ分る。次の日本文の三つ目の部分だが、これは英文の三つ目のやや長いセンテンスを、多少変えて、大体の意味を伝えて訳した、と考えられよう。次の、日本文の四つ目の部分は、英文の四つ目に対応する。日本文の五つ目と英文の五つ目とは、もはや対応していない。

こうして見ると、日本文での大きな切れ目を表わす○は、英文のピリオドを中心とする大きな切れ目にならって設けられた、ということが分る。多少のずれはあるが、そのことはかえって、センテンスに相当するような文の切れ目を、日本文の方にも何とか設けようとしていたその努力の軌跡のようにも見える。

ここでこの「○」の性格をもう少し考えてみると、この「○」のつくすぐ前は、用言の終止形で終っている。この『小学読本』の本文全体を通じて、終止形のあとにはだいたい「○」がある、と言うことができる。

ところが、英文のパラグラフ paragraph に対応する段落の終りには「○」がない。この点から見ると、「○」は、文章のある長さの単位の終りのしるしと言うより、息つぎにも似た中間の切れ目である。この意味では、後に言う「文」という単位を示すはたらきは弱い、と言わなければならない。

ここで、この筆者にとって、今日私たちの考えるような「文」の意識はどれほどあったのだろうか。

この教科書の始めの方の部分は、翻訳ではない。

筆者が、ウィルソン・リーダーを離れて自由に書いた文章である。そこでも、やはり「、」と「○」が使われている。そして、「、」の使い方は、前掲のような翻訳文の場合と同じであるが、「○」の使い方は、はっきり違っている。もっと少ない。そ

して不規則なのである。たとえば、

人の業には、種々ありて、其学ぶべきところ、各異なり、然れども、先ッ書を読み、字を写し、物を数ふることを、学ぶを、第一の務とす、これを、普通の学といふ、〇この学を、為さゞれば、何れの業をも、習ふこと能はず、

のように、用言の終止形の後に必ずしも「〇」があるわけではない。文章の大きな区切りが、今日の「文」と一致していないのである。あたかも「文」よりも、もっと大きな単位がとらえられているかのようである。だが、それも一定の形としてとらえられているようには見えない。

つまり、この『小学読本』の筆者にとって、「〇」で大きく区切られるような文章の単位は、翻訳本文の場合にだけ明らかなのであった。それは、だいたい今日の「文」と一致する。そして、英文におけるセンテンスともだいたい一致する。センテンスという単位に従って、それに対応するような形で、日本語文が区切られていた。しかし、この単位は翻訳でない生粋の日本文の場合には、筆者にとって決して明らかではなかったのである。

句読法の形成

小学校の国語読本は、明治十年代の頃までは、全国でこの『小学読本』が使われていた。また、これにならった読本も多く出た。それらを通じて、文章の切り方は、この『小学読本』流か、「、」か「。」を読点のように用いるか、または「、」も「。」も全くなしか、そのいずれかであった。

文章の切れ目に大、小の二種類を用いる句読法は、すでに見たように『小学読本』で準備はされていたのだが、はっきりと「、」を小さい切れ目、「。」を大きい切れ目として用いたのは、一八八四(明治十七年)の、文部省編集の『読方入門』であった。

この書は、冒頭の「教師須知六則」では、

本書ハ。小学ノ最下級ニ於テ。初学生徒ニ読方ヲ授クルノ用ニ供シタルモノナレバ。其教方懇到叮嚀ヲ旨トシ。徒ニ多数ノ文字ヲ授ケ。却テ復読温習ヲ怠ラシムルガ如キコトアル可カラズ。

とあって、ただ一種類の「。」だけを用いている。が、本文を見ると、

おや　は　こ　を　そだて、きみ　は、たみ　を　めぐむ。きみ　と、おや　と　の　おん　をば、つね　に、わする丶　こと　なかれ。

のように、「、」と、「。」の二種類を用い、「、」は今日の読点、「。」は今日の句点と一致しているかのように見える。ところが、他方で、

てふは、はなの　つゆ　を　すひて、その　いのち　を、たもち。りす　は、さうもく　の　み　を　しょくして、このよを、をふる　もの　なり。

のような例も多く、「。」は「、」に比べて文章の大きな切れ目に用いられていることは確かだが、その後の句読法の句点の用法より小さく、用言の終止形の後に限らず、連用形の後などにも使われている。しかし、この『読方入門』は、句読法形成史上、画期的であった、と思われる。

次いで、翌一八八五年、三宅米吉《みやけよねきち》の「ぞくご　を　いやしむな」が、『かな　の

ざつし』誌上に発表されている。それを見ると、

すべて ものごと に やくだち と かざり との ふたつ の もちまえ ありて、いかなる もの にても やく に たたぬ もの わ なく、また いかなる もの にても かざり と ならぬ わ なし。ただ その やくだち と かざり との つりあい ものに よりて さまざまに ちがう なり。

と書かれていて、もうこれであの句読法は完成されているのか、とも見える。この文体は、だいたい単語ごとに分ち書きをして、ひらがなだけの文を読みやすくしている点、前例の『読方入門』と似ていて、その影響を受けている、と思われるが、「。」を打つ大きな切れ目は、『読方入門』とは逆に、終止形で必ず切るとは限らず、もっと長くなっている所がある。

されば はべる ぶん も かんぶんりう も ともに よろしからず、がげん かんご ともに かなぶん に もちいて ふつごう なり。

　この「ぞくご　を　いやしむな」は、同じ雑誌に翌年も掲載されているが、その句読法は、むしろ後になるほど「。」が少なく、終止形で打たない例が多くなるようである。

　そしてその翌年の一八八六（明治十九）年一月、新保《しんぼ》磐次《いわじ》著『日本読本初歩』が出た。その例言によると、

　此巻ハ拗音ヲ教へ、及ビ仮名文ニ熟セシムル者ナリ。

となっていて、今日の句読法と同じである。その後に、明治十八年十一月著者記、とある。同書の本文も、

　はふきではいて、ざふきんでふきます。

と、同じ句読法になっている。

　同年九月、文部省から『読書入門』が出された。これによると、

つる。
かめ。
うつくしいはな。
あめはれて、にじたつ。
そのひくいへいのうちに、あのたかいいへあり。
このむすめは、きれいなまるいものをもつ。それはなにか。

などとなっている。とくにこの最後の文句を見ると、そのすぐ向う側に、お手本となった英文と、そしてその句読法も想像されるような直訳調の日本文であろう。
また同じ年の三月、帝大教授、物集高見《もずめたかみ》の『言文一致』が出た。その初めのところでこう述べている。

文章ハ、話しのやうに書かねばならぬ、わけ。文章ハ、はなしを、書いたものと、いふことハ、誰れでも、よく、知りてをることで、其ちがひと、いふ所ハ、口から出すのと、筆から出すのとの、ちがひである。

これは、この前後にいくつか出た句読法の先駆けであるとともに、国語教科書以外での、いわゆる口語文のはしりでもある。物集高見は、同じ年の十月、やはり同じ句読法にのっとった『てにをは教科書』を出している。

句読法の先駆けと定着との間

翻訳小説の分野では、二葉亭四迷の「あひびき」が有名である。これは一八八八(明治二十一)年、『国民之友』誌上に発表された。

秋九月中旬といふころ、一日自分がさる樺の林の中に座してゐたことが有ッた。今朝から小雨が降りそゝぎ、その晴れ間にはおり〳〵生ま暖かな日かげも射して、まことに気まぐれな空ら合ひ。あわ〳〵しい白ら雲が空ら一面に棚引くかと思ふと、フトまたあちこち瞬く間雲切れがして、無理に押し分けたやうな雲間から澄みて怜悧《さか》し気に見える人の眼の如くに朗かに晴れた蒼空《あをぞら》がのぞかれた。自分は座して、四顧して、そして耳を傾けてゐた。

言うまでもなく、近代口語文の開始を告げた、とされている文である。そして同時に、これは、やがて一般化して今日に至る句読法の先駆けの一つでもあった。

ところで、以上のように、一八八六年にいっせいに出た教科書、啓蒙《けいもう》書などにおける句読法、そして二年後のこの「あひびき」におけるような句読法は、先にも少し述べたように、それ以後、決して素直に継承され、一般化されたわけではなかったのである。夜明けを告げる先駆けがあって、やがてそれが定着した、などと、句読法に限らずよく歴史の教科書などに書かれるが、私はこの先駆けと定着との間に、とくに興味を惹《ひ》かれる。歴史を、必然の流れと見る史観で切り落される部分である。封建から近代へ、と進んで行く時代の流れの中で、句読法、ひいては「文」の意識というものが、「近代」のチャンピオンのしるしの一つ、と扱われるわけである。私はこのような近代史観に反対である。句読法の形成は、日本語じたいの近代化の結果ではない。

まず、「あひびき」の著者、二葉亭じしんが句読法を含めて翻訳文の書き方を告白している一九〇六(明治三十九)年に出た『余が翻訳の標準』を見てみよう。

されば外国文を翻訳する場合に、意味ばかりを考へて、これに重きを置くと原文をこはす虞がある。須らく原文の音調を呑み込んで、それを移すやうにせねばならぬと、かう自分は信じたので、コンマ、ピリオドの一つをも濫りに棄てず、原文にコンマが三つ、ピリオドが一つあれば、訳文にも亦ピリオドが一つ、コンマが三つといふ風にして、原文の調子を移さうとした。殊に翻訳を為始めた頃は、語数も原文と同じくし、形をも崩すことなく、偏へに原文の音調を移すのを目的として、形の上に大変苦労したのだが、さて実際はなかなか思ふやうに行かぬ、中にはどうしても自分の標準に合はすことの出来ぬものもあった。で、自分は自分の標準に依って訳す丈けの手腕《うで》がないものと諦めても見たが、併しそれは決して本意ではなかったので、其の後とても長く形の上には、此の方針を取ってをった。

処で、出来上った結果はどうか、自分の訳文を取って見ると、いや実に読みづらい、佶倔聱牙《きっくつがうが》だ、ぎくしゃくして如何にとも出来栄えが悪い。従って世間の評判も悪い、偶々《たまたま》賞美して呉れた者もあったけれど、おしなべて非難の声が多かった（原文の傍点略）。

と言うのである。二葉亭のこの「あひびき」の出現は、通常、文学を志す人に驚嘆され、喝采《かっさい》された、という面からとりあげられるが、ここに引用した筆者じしんの告白は、それと正反対のことを語っているのである。

まず筆者じしん、「実際はなかなか思ふやうに行かぬ、」「手腕がないものと諦めても見た」と言い、「いや実に読みづらい、佶倔聱牙だ、ぎくしゃくして如何にとも出来栄えが悪い。」とまで言い切っている。

そこでまた、「従って世間の評判も悪い、」。文学史などでよくとりあげられる評価は、ここで筆者じしんの言う「偶々《たまたま》賞美して呉れた者」のことであって、実際には「おしなべて非難の声が多かった。」のである。

歓迎されなかった句読法

こうして、西欧文をモデルとした句読法は、一般に決して歓迎されなかった。同じ頃や、やや後の頃の『国民之友』を見てみると、たとえば一八八八(明治二十一)年八月の徳富蘇峰《とくとみそほう》の文集「緒方直樹君」は、

人生の哀しみハ、死より哀しきなし、而して其哀しみの切なるハ、殊に青春妙齢の士、空しく前途の希望を齎らして死するより大なるハなし、

のように、「、」だけである。また翌年五月の学海居士「新井白石先生の手簡」では、

白石先生の手簡の。世に行はれたるものは。新安手簡あり。

のように、「。」だけである。他方また、「。」も「、」も打たない文も少なくない。

すでに提示されている句読法にのっとった文は、翻訳小説では多いが、その他の一般の文ではごく稀《まれ》であった。ようやく十年近くも経て、掲載文の半数ぐらいがこの句読法になっている、といったところであった。

このことは、すでに提示された句読法は承知していても、それは子供向きの幼稚な文の表記法だ、という受け取り方もあったのも一つの原因と思われる。たとえば、句読法成立史上、私が画期的である、と述べたあの『読方入門』でも、子供向きの本文では「。」と「、」を併用していても、教師向けの序文「教師須知六則」では、「。」だけしか用いない表記法であったことでも知られるであろう。

『国民之友』は、当時のいわば知識人向けの雑誌で、当然翻訳文も多く載り、その影響も受けやすかったわけだが、大衆誌『風俗画報』を見てみると、この句読法にのっ

とった文はずっと少なくなる。もっとも多いのは、「。」も「、」もない日本文の伝統的な書き方で、次に、「。」だけ、あるいは「、」だけの文が見受けられる。あの句読法によって文は、十年も経て、ようやく少しずつ現われるようになっている、といったところであった。

以上のような事情は新句読法への抵抗を示している、と思われるが、その理由は、当然、日本文に「。」と「、」という大小二種類の切れ目を設ける必然性が乏しい、と考えられていたわけである。息継ぎのような意味で、一種類の切れ目を設けることは、漢文にも模範があったし、近世以後すでにかなり多く行なわれていた。これは新句読法の「、」読点に近いわけで、だから句点に相当するような大きな切れ目の方が、なかなか理解されなかったわけである。つまりセンテンスに対応する切れ目である。

このことは、その後句読法に慣れた私たちには分り難《にく》いのは確かであろう。が、ここに歴史というもののワナがある、と私は考える。新しく出現した形が定着すれば、やがて人々はそれに慣れる。そうすると、その慣れた形に従って、それを通して人は過去を見返そうとする。そのようなものの見方、考え方が歴史を語らせてきた、と言ってもよいであろう。

文章の大きな切れ目と言うと、終止形という文末語がある、と考えるであろう。が、終止形とは、センテンスをモデルとした「文」の観念成立以後の呼び名である。とくに、今日でも文末語として使われることの多い動詞の終止形に関しては、近世以来、むしろ意識的に、文を終止させる文末語ではないと考えられていたことについて、次の章で述べるつもりである。

句読法のさまざまな試み

しかし、提示された新句読法は、しだいにその影響を広めていった。その影響というのは、まず、新句読法そっくりのやり方に従う、というよりも、とにかく日本文にも大小二種の切れ目を作っていこう、という試みであった、と見受けられる。とりわけ、文章の大きな切れ目を求めていこう、とする試みがいろいろと見られる。文章の大きな切れ目を求めるとは、センテンスにも対応するような文章のある長さの単位を求める、ということにもなる。ところが、それが直ちに今日言う「文」と一致しなかったのである。そのモデルはすでに提示されていたが、それは必ずしも素直には受け取られなかったのである。

では、どんな大きな切れ目、どんな文章の単位が考えられていたのか。第一章の第三節で紹介したのはその一例だが、かなり混乱した例である。もちろん、あのように混乱した用例も少なくないのだが、ここで、当時のさまざまの句読法の試みの中から、かなりはっきりと現われていたように思われるある形を、以下、いくつかの例を拾いつつ考察してみたいと思う。

始めに、やや特殊な例を一つ。一八九三（明治二十六）年、『風俗画報』に載った小野清の「古今城郭利用略言」を見ると、

後醍醐天皇西狩《せいしう》の車駕《しやか》、再び京へ還らせ給ひ、北条高時仲時等、東西一挙に亡ひたるは、元弘三年五月楠正成大義を首唱し、河内の千剣破《ちかは》城に拠《よ》りて、蓋世の偉《ゐり》略《やく》を振ひ、天下の志士をして、風を望みて大に興らしめたるを見るへく。

となっていて、以下、「、」は多いが、「見るへく」の後の所だけが、「。」になっていて、それが何回かくり返されている。後の方になると少し例外もあるが、だいたいそんな文体である。中には「見るへし、」のような例もある。

この文章をずっと読み下してみると、確かに「見るへ（べ）く」の所でやや長く息継ぎをすると、意味の通りがいいのである。

これは一般化するには困難な、やや特殊な試みではあるが、日本文の語調と言うよ

りも、やや講談調の話し言葉の流れのある要点をとらえているように思われる。

次には、もう少しはっきりしていると思われる形をいくつかとりあげよう。いずれも漢文訓読調の系譜を引く文章である。

一八八七(明治二十)年九月、『国民之友』に載った高橋五郎《たかはしごろう》の「政事家漫評」。高橋は当時すでに行なわれていた聖書の日本側翻訳委員の一人でもあった。

工学ニ明カナラザル者ハ建築ノ術ヲ講ズル能ハズ、規矩準縄之ガ無知ヲ掩フ能ハザラシムレバ也。物理ニ通ゼザル者ハ格物ノ理ヲ説ク能ハズ、物質頑固ニシテ之ガ無理ニ順ハザレバ也。……昔或人書ヲ著ハシテ各種ノ問題ヲ議論ス、生理学者之ヲ見テ曰ク此書他ノ問題ヲ論ズルハ精覈明細ニシテ毫モ間然スル所ナシ、然リト雖モ生理談ニ於テハ間々誤レル所アリテ未ダ全クハ首肯スル能ハズト。

見ると分るように、いわゆる用言終止形の後は必ずしも「。」ではない。が、「。」がつくのは、用言終止形、または今日でも文末語として使われるような「ト」の後である。つまり、その後文法上「文」とされるようになった終止形文末の単位をいくつか、その多くは二つか三つであるが、それを集めて、ある長さの文章上の形式、表現の単位としているかのようである。

　この大きなある単位の形式は、一般的にはっきりと断定はできないにしても、かなり明らかな形を典型としてとらえることができるように思う。引用された部分は全くこの形式にかなっている。

　つまり、「工学ニ明カナラザル者ハ建築ノ術ヲ講ズル能ハズ、規矩準縄之ガ無知ヲ掩フ能ハザラシムレバ也。」において、前半の文句の主語は「工学ニ明カナラザル者ハ」であり、これに対応する述語は「能ハズ」である。ここで、「――は」という部分を、とくに主題と名づける考え方に従って、主語ではなく、主題と言うことにしよう。ところでこの後半の文句には主語がない。その主題は、前半の主題と同じであって、これを受けて述語があって、「能ハザラシムレバ也。」となっているのである。次の一連の文句もこれと同じ形であるが、引用文中の三つめはこの形にかなっていない。

　同じような形の例は、同じ頃、かなり多く見出《みいだ》すことができる。前にあげた「ぞくご　を　いやしむな」にも、かなりその傾向がうかがわれる。それは、とりわけ知識人の用例に多い。次は一八八九（明治二十二）年、『女学雑誌』に載った巌本善治《いわもとよしはる》の文章。巌本はこの雑誌の主宰者であり、明治女学校の創設者でもあった。

「真」と「善」と「美」とを区別するは固より可なり、智性に於ては望極する所ろを真とし、徳性に於ては望極する所ろを善とし、美性に於ては望極する所ろを美とす、苟くも三性に区別あるを知らば亦た三望に於て相異なる所なくんばあらず。然れども此の三区別は恰かも天の三位を論じ人の三質を論ずるが如し、其の窮極する所ろに於ては皆な渾然同一体にあらざる可らず。

ここでも、「。」で区切られた、二つの大きな文句の単位があるかのようである。前半の単位は終止形で終る今日文法上の「文」三つを含み、後半は二つを含んでいる。ここでも、かなり明らかに、ある典型的な形をとらえることができる。前半の単位では、その第一のいわゆる「文」をみると、『真』と『善』と『美』とを区別するは固より可なり」で、主題と述語とが揃っている。が、二番目、三番目の「文」では、述語はあるが、主題はない。もっともこの場合、第一の「文」の主題が、二番目、三番目の「文」にもかかっている、とは形式上は言えない。が、実質上の意味の上からは、第一の文の主題、「『真』と『善』と『美』とを区別するは」がかかっている、と言うことができるであろう。

次の後半の単位については、先に述べた典型的な形に、形式上も実質上もかなっている。すなわち、第一の「文」の主題「此の三区別は」が、第二の「文」の主題としても受け継がれているのである。

もう一つの例を見てみよう。これも当時著名なジャーナリスト、陸羯南《くがかつなん》の『近時政論考』で、一八九〇（明治二十三）年に出ている。その冒頭の文章を見ると、

冷は氷よりも冷なるはなく、熱は火よりも熱なるはなし、然れども氷にあらずして冷かなるものあり、火にあらずして熱きものあり、苟くも冷かなるもの皆な氷なり苟くも熱きもの皆な火なりと言ふは其の誤れるや明白なり。湯にして稍々冷を帯ぶるものを見、之を指して水なりと曰ひ、水にして少しく熱を含むものを見、之を指して湯なりと曰ふ、是に於て庸俗の徒は甚だ惑ふ。

ここにも、「。」で区切られた二つの文句の単位を引用したが、前者は四つの「文」、後者は二つの「文」を含んでいる。前者は典型的な形としてとらえることはできないが、後者は、第一の「文」に主題がなく、第二の「文」には「庸俗の徒は」という主題がある。

以上、三人の筆者の例文を引用したが、いずれも、その後「文」と名づけられるよ

うになった単位を二つか三つぐらいをひとまとめにしたようなところで「。」を打って、一つの大きな単位を考えているように思われる。その典型的な形式では、一つの「は」のつく主題が、二つないし三つの小さな単位にかかっているのだが、ある場合にはこのかかり方は実質上あっても形式上は弱く、他の場合には、他の単位の方にかかっているとは言えないが、二つないし三つの小さい単位のうち、主題のある単位は一つだけであって、これが形式的に中心となっている。また、他の場合には、こういうような形式でとらえることは難しい。

いずれにしても、今日の私たちが一読して、語感として直観的に分ると思うのだが、そこには確かに一連の流れがあり、そして区切れがある。このような書き方をしている人の多くが、文章の書き方に熟練した人々であった、ということも注意しておきたい。もしもこのような文章の区切り方が、その後受け継がれていたらどうであったか。以上の例はやや漢文調の文語体であったが、もしこれが近代口語文の中に発展させられていたならば、これはやがてもっとはっきりした形を取り、しかもおそらく、長い伝統ある日本語の自然な流れにかなった文章の単位が形成されていたのではないか、と私は考えるのである。

その後、文法上の単位である「文」の終りに「。」をつけるように定められた句読法は、以上見てきたように、多分に人工的な試みだったのである。何よりもそれは、西欧語のセンテンスをお手本にしたやり方であり、そのことによって結局勝ち残ったやり方だったのである。

ところで西欧語における句読法、punctuation は、言語学者フリーズ Fries が、有名な『英語の構造』で言っているように、もともと日常口語の音調、休止、強勢の代用として形成されたのである。つまり、書記された文章じたいの必然的な、文法上の要求にもとづくものではない、というわけである。書き言葉だけではなく、話し言葉の要請として形づくられたのである。

これに対して、私たちがさまざまな試みを排して結局定着させた句読法は、私たちじしんの日本語の話し言葉の要請とは縁が切れていた。つまり、日本語じたいの近代化に向かう発展の結果ではない。西欧語の書き言葉の影響のもとで、日本語の書き言葉じたいの問題として処理され、定められていたのである。

第四章　日本文と文末語

常体と敬体の混用文体

書き言葉と、話し言葉とは違う。このことは、とくに私たちの日本語について、その特徴を考えるときに重要なことであろう、と思う。たとえば、西欧語では、言葉というのは話し言葉が基本であって、書き言葉とは、話し言葉を写すものだ、と考えられている。文字はいわゆる表音文字である。言葉について考える言語学者も、もっぱら話し言葉（パロール parole）を基本に考える。つい近頃、パロールに対してエクリチュール écriture、すなわち書き言葉の優位を唱える思想が現われたが、こういう思想が西欧人たちにとってとても新鮮に受け取られているらしいことも、かえってその背景の根の深さを物語っているようである。

私たちの文章語、書き言葉は、日常の話し言葉とは違う。このことには、歴史的な、あるいは宿命的な深い根拠があるのであって、かつてやまと言葉は、それ自身の中から文字を作り出さなかった。作り出す余裕もなく、中国の文字を受け入れた。

以後、長い時間をかけて、私たちは固有の文章表現を持つようになったのだが、その基本には、漢文訓読というスタイルがある。明治の頃以後、いわゆる言文一致と言われる新しい文章表現を作り出したわけだが、実は、それは、私の見る限り、漢文訓読体を骨組にすえた、いわば西欧語訓読体であった。漢文訓読体の文章が、かつての日本人の日常語表現と違っていたように、西欧語訓読体の現代日本文は、現代日本人の話し言葉表現とは違っている。今日の私たちの書き言葉と話し言葉との二重構造は、日本文化の根深い二重構造の一つの表現なのである。

では、その西欧語訓読体としての現代日本文の特徴は何か。それはいろいろな面から考えることができるのだが、ここでは、文末の切り方、ということに焦点を当てて考えてみたいと思う。

話し言葉の方から考えてみよう。私たちの日常の話を注意して聞いてみれば分ることだが、話し言葉の文末は、まず、「暑いな」とか、「行くぞ」のように、な、ぞ、よ、さ、ね、などの終助詞で終る。終助詞によって相手にうったえるのである。次に、「ですが」とか、「だけど」のように、いわば中途半端に終る。終りは相手にあずけるのである。もう一つ、改まった言葉として、です、ます、で終るのもある。

他方、私たちの文章には、会話を直接写す場合は別として、話し言葉でもっとも多い終助詞、中途半端の文末は、まず現われない。書き言葉の文末は、「暑い。」、「行く。」のように用言の終止形のままで止めるか、だ、である、た、のような、概して書き言葉固有の助動詞、またはこれに準ずる言葉で止める。とくに「である」は、文章表現だけに使われる。もう一つ、です、ます、のような文体もあり、これは文章語としては、かえって柔らかい語感がある。

明治初年から半ば頃にかけて、西欧語の文章の翻訳の過程で、日本文を、西欧語の sentence のような単位に区切らなければならない、という考え方がしだいに育ってきた。それは、一つには、文章の中に、句読点のうちとくに句点を打つ、という試みとして現われる。文末をはっきりさせるのである。もう一つは、文末の言葉を一定の形にきめていく試みである。

いずれも、今日の私たちの想像する以上に、抵抗の多い試みであった。「である」とか、「た」で一つの文を区切り、しかもはっきりした区切りを作るのは、一般の人々の日本語の自然な語感に逆らっていたのである。それはまず、ぶっきらぼうである。切口上である。ということは、その文が語りかける相手がいない、あるいは、相手が見当たらない、ということであろう。日本語は、日常の話し言葉が、たとえば敬語の発達にみられるように常に相手を意識した構造であるだけに、いっそう書き言葉と話し言葉との違いが際立つのである。その特質は、今日の日本文にも継承されている。現代の日本文を書くとは、こういう点から考えると、語る相手がいないのに、どんどんと言葉を語っていかなければならぬ、という行為である、とみることもできよう。

このことを改めて考えるために、では、語る相手がいる文とはどんな文か、という視点から、ここで一つの例を提出してみたい。

小林秀雄《こばやしひでお》の書いたものは、どれも難しい。が、その中で、やはり言っていることは難しいのだが、意外に読みやすい文がある、と前から感じていた。『私の人生観』という作品である。その一節を引用してみよう。文章の流れの語感、とくにその文末に注意して見ていただきたい。

観といふのは見るといふ意味であるが、そこいらのものが、電車だとか、犬ころだとか、そんなものがやたらに見えたところで仕方がない、極楽浄土が見えて来なければいけない。観無量寿経といふ御経に、十六観といふものが説かれてをります。それによりますと極楽浄土といふものは、空想するものではない。まざまざと観えて来るものだといふ。観るといふ事には順序があり、順序を踏んで観る修練を積めば当然観えて来るものだと説くのであります。先づ日想観とか水想観とかいふものから始める。日輪に想ひを凝らせば、太陽が没しても心には太陽の姿が残るであらう。清冽珠の如き水を想へば、やがて極楽の宝の池の清澄な水が心に映じて来るであらう。水底にきらめく、色とりどりの砂の一粒一粒も見えて来る。池には七宝の蓮華が咲き乱れ、その数六十億、その一つ一つの葉を見れば、八万四千の葉脈が走り、八万四千の光を発してをる、といふ具合にやって行って、今度は、自分が蓮華の上に坐つてゐると想へ、蓮華合する想を作し、蓮華開く想を作せ、とする虚空に仏菩薩が遍満する有様を観るだらう、と言ふのです。

まず一読して、文章にリズムとかメロディーとも言うべき流れがあって、それが、文意を分らせる、という働きとともに、うったえてくる、説得してくる、ということが感じられるであろう。これは相手のいる文章なのである。

文字どおり、これは相手のいる文であって、もとは講演の筆記である。それに、あとで小林秀雄が手を入れたであろう。どのくらいまでがもとの話の形であったかは分らないが、とにかく、ここにはもとの話し言葉の生きた流れがある。

文体の形の上でそれを見てみよう。所々に、「をります。」、「のです。」のような講演の文末の言葉使いがあり、他方、「であらう。」、「来る。」のような、書き言葉固有の文末がある。前者は、いわゆる敬体、後者はいわゆる常体である。

常体と敬体とを混用してはいけないということは、おそらく学校の作文の時間などでもっともきびしく禁じられているであろうが、こういう禁止規則の歴史は短く、その根拠は浅いのである。敬語を使った文章は、むしろ日本文の正当な伝統であった。時代が下るに従って文章における敬語は少なくなっていくが、それはつまり、敬体と常体との混用ということに他ならないのである。

『源氏物語《げんじ》』の文章でさえ、敬語を用いた敬体の間に所々常体が入っているのであるが、たとえば、芭蕉《ばしょう》の『おくのほそ道』の一節をみると、

当国雲岸寺のおくに仏頂和尚山居跡あり。

竪横の五尺にたらぬ草の庵《いほ》

むすぶもくやし雨なかりせば

と松の炭して岩に書付侍り、といつぞや聞え給ふ。其跡みんと雲岸寺に杖を曳《ひけ》ば、人々すゝんで共にいざなひ、若き人おほく道のほど打《うち》さはぎて、おぼえず彼麓《かのふもと》に到る。山はおくあるけしきにて、谷道遥《はるか》に松杉黒く苔したゞりて、卯月の天《てん》今猶

寒し。十景尽る所、橋をわたって山門に入。
さてかの跡はいづくのほどにやと、後の山によぢのぼれば、石上《せきしよう》の小庵岩窟にむすびかけたり。妙禅師《めうぜんじ》の死関《しくわん》、法雲法師の石室をみるがごとし。
木啄《きつつき》も庵《いほ》はやぶらず夏木立
ととりあへぬ一句を柱に残《のこ》し侍し。（岩波文庫による）

となっていて、引用文中「侍り」「聞え給《たま》ふ」「侍《はべり》し」と三か所が敬語になっていて、つまり敬体で、他の常体と混用されている。これは決して特殊な例ではない。候文というのは、「候」という敬語で押し通すのもあるが、候をつけない常体と混用することが多いのである。このような意味での混用文体は、近代初期までも続いており、明治の初め頃の文章でも、文章の要所要所で敬語を用いている例は少なくない。

さて、小林秀雄の前掲引用文中で、敬体は三つ、数は少ないが、文章全体の大きな切れ目を作っているようである。これは『私の人生観』の文章の総体について言えるのだが、段落の文末の多くは、敬体で終っている。この引用文で言うと、三つの敬体のうち、二つは、明らかに大きく切る働きをしている。一つは、「それによりますと……ものだといふ。」という文と、次の「観るといふ事には……のであります。」までの三つが、三つ目の「のであります。」でくくられ、結ばれているようである。さらに、次の「先づ日想観とか」と始まって、以後引用文の終りまで、「と言ふのです。」までが、終りの敬体の文末「です。」でくくられ、結ばれているように感得できるであろう。

あたかも、筆者は、「をります。」、「あります。」、「と言ふのです。」のところで、聴衆の方に向き直り、この時、文章の読者の方にも向き直ってくるかのようである。その他の切れ目のところでは、筆者は、ややうつ向いているか、宙でも見ているか、自問し、自答するかのように語っている。そして、その間の、常体のやや固い調子は、やがて敬体としてくくられ、こちらに向き直ってくるのだという、ある予感に支えられ、つき放されていない。常体の小さな切れ目と、敬体の大きな切れ目とは、長く、短く、波のように進んでいくのである。

この文章の切れ目の構造はもっと微妙なところにもある。それは最小の切れ目である読点の切れ目と、句点の切れ目とが、はっきり二種類に分れていない、ということである。たとえば、初めの方の「仕方がない、」と「いけない。」とは、前者が小さく切れ、後者が大きく切れる、と、明確に区別できるであろうか。どちらも同じ終止形の形で、僅《わず》かに程度の差があるくらいであろう。同じような微妙な句点・読点の使い分けは、引用文中にもまだあるし、『私の人生観』全体を通じてもかなり目につく。おそらくこれは、話し言葉の自《おの》ずからな流れの中で出てくるので、私たちの日本語の文は、話し言葉を基本にとると、終止形は必ずしも文の終止でないし、どこが句点を打つべきところか定かでないような切れ目がある、ということを示している、と考える。書き言葉の文も、もとはそうだったのである。

日本の文章の切れ目は、sentence をモデルとした「文」によって割り切ることはできない、と私は考えている。「文」意識に支えられた翻訳文、および翻訳的文章は一応別として、生きた日本語のリズムを持った文では、「文」より大きい単位、「文」より小さい単位があるように思われる。「文」より大きい単位とは、段落よりは通常短く、意味の単位であるばかりでなく、何らかの文体的、かつ文法的な形を持っている。小林のこの文章は、敬体と常体の使い分け、さらに句点・読点の微妙な使い分けによって、おそらく自ずと、日本文の生きたリズム、メロディーをとらえていたのであろう。

文末語はなぜ必要なのか

始めに、現代の若い作家の文章を例にあげて考えてみよう。私がここで問題にするのは、その各文の文末の言葉使いである。

びっしりと蔦が絡みついた図書館の壁に沿って、一日じゅう陽のあたらない湿っぽい日かげの帯が続いている。そのひんやりとした陰の中に僕は包まれている。かすかに苔のにおいのするじめじめとした空気の澱みの中で、僕は身体を図書館の壁にもたせかけ、息をひそめるようにしてたたずんでいる。まわりの空気は、蔦や、煉瓦の隙間の黒い土くれや、古びた壁全体がかもしだすじわじわとおおいかぶさるような陰気さととけあっている。その重く、わだかまったような空気の中に僕がいる。僕はここにいる――。(三田誠広『僕って何』)

問題の文末の言葉は、もちろん「いる」である。短い間に六回くり返された「いる」のうち、始めの四つは補助動詞で、存続状態を表わす、などと文法書では説かれている。終りの二つは、動詞の「いる」である。その意味から考えると、ここで重要なのは、終り二つの「いる」である。この小説の主題が、ここで顔を出している。そして始めの四つの「いる」は、後の二つの「いる」の背景として、これに合わせて、いわば脚韻を踏むように使われている、つまり、形式的に使われている、と言うことができるであろう。

もちろん、始めの四つの「いる」は、いわゆる存続状態を表現しているのであって、それなりの必然性は十分ある。だが、私がここで注目したいのは、そういう意味内容よりも、その形式的性格である。たとえば、意味の表現という目的だけから言うならば、この文章は「……日かげの帯が続いていて、そのひんやりとした陰の中に僕は包まれていて、……」というように、「いる」を使わないでも何とか書ける。それでは小説の文体になっていない、と反問されるかも知れない。まさにその通り、それが、今日の私たちの日本語の文体なのである。もっと正確に言えば、およそ百年の歴史を持つ書き言葉の日本語の文体なのである。

そこで、ここでこういう文体を作り出している「いる」の形式的な機能を考えてみると、要するに、末尾が「いる」で区切られた文章構成上の単位としての文を作り出している、と言えよう。とくに、この引用文で始めの四つの「いる」がそうである。これはとくに「ている」という形である。作者は、おそらくこのことを十分意識していた、と思う。そして、意識されただけの効果はあげられている。「いる」、「いる」、「いる」と背景描写をたたみかけてきて、ついに「僕がいる。」を導き、そこで、同じくり返しの果てに、質の異なる世界を誘い出すのである。

もう一つ、やはり近頃の若い作家の文章の例を見てみよう。

　空はまだ明けきってはいなかった。通りに面した倉庫の横に枝を大きく広げた丈高い夏ふようの木があった。花はまだ咲いていなかった。毎年夏近くに、その木には白い花が咲き、昼でも夜でもその周辺にくると白の色とにおいに人を染めた。その木の横にとめたダンプカーに、秋幸は一人、倉庫の中から、人夫たちが来ても手をわずらわせることのないよう道具を積み込んだ。組を、秋幸の義兄文昭が取りしきっていた。（中上健次『枯木灘』）

この文章の場合は、「た」、および「だ」である。いったい、日本の現代小説の文章で、「た」や「だ」、とくに「た」の文末は多いのだが、この作家はとりわけ多用している。この小説でも全篇、ほとんどこのような文体で貫いている。書き言葉の文末語が、現代日本文では、変化が少なく、単調なくり返しになりやすいことは、文章読本などでよく指摘されている。だから、文章家と言われるほどの人は、文末に変化を持たせるよう、いろいろと苦心するのである。しかし、どうやらこの作家は、故意に、その逆に、「た」や「だ」、とくに「た」のくり返し文体を書いているように見受けられる。あたかも、文末の言葉使いなんぞに構ってはいられない、とでも言うかのように。そして、この態度、または文体も、やはりそれなりの効果をあげているように思われる。つまり、一種無造作な、男性的な歩みの文体である。

ところで、この文章に対しても、やはり、「た」や「だ」を使わないでも、同じような内容は表現できるのでないか、とたずねてみよう。「た」や「だ」を使わなければならぬ必然性はどれほどあるのか、と。その答えは、「た」は過去や完了で、「だ」は断定の表現というように言えるとしても、やはり、結局のところ、文章は文という単位で区切るものだ、という形式が先にあったから、と言うしかないであろう。文末の言葉使いなんぞに構ってはいられない、としても、文末の言葉を使わないですますことはできなかったのである。

では、もう一度たずね返そう。書き言葉の現代日本文には、どうして一定の、変化の乏しい文末語があるのか。さらに、なぜ文末というものがあるのか。文は一定の長さに切られなければならないのか。

百年ほど前、一八八八（明治二十一）年、書き言葉の日本文の創始と言われる二葉亭四迷の「あひびき」が発表された。その中に、次のような一節がある。

> 眸子を定めて能く見れば、それは農夫の娘らしい少女であつた。廿歩ばかりあなたに、物思はし気に頭を垂れ、力なさゝうに両の手を膝に落して、端然と坐してゐた。旁々の手を見れば、半は《（マヽ）》むき出しで、その上に載せた草花の束ねが呼吸をするたびに縞のペチコートの上をしづかにころがつてゐた。

この文章について、前と同じようなことを考えてみよう。もしここで、文末の言葉を使わなければ、この文はどうなったか。文末語は、ここでは、「であつた」、「てゐた」、「てゐた」の三つである。この三つを取り去って、ただし三つ目の「ころがつてゐた」だけは、取り去ったあとの語尾を少し変えると、こうなる。

眸子を定めて能く見れば、それは農夫の娘らしい少女。廿歩ばかりあなたに、物思はし気に頭を垂れ、力なさゝうに両の手を膝に落して、端然と坐し。旁々の手を見れば、半はむき《（マヽ）》出しで、その上に載せた草花の束ねが呼吸をするたびに縞のペチコートの上をしづかにころがる。

これはおかしな文体であろうか。

二葉亭は、この「あひびき」を書いた一年前の一八八七（明治二十）年、小説『浮《うき》雲《ぐも》』を発表している。その中から、この引用文の場面と似たところのある一少女の登場の描写を見てみよう。

……折しも椽側にパタ〱と跫音《あしおと》がしてスラリと背後《うしろ》の障子が開《あ》く。振返ッて見れば……お勢で。年は鬼もといふ十八の娘盛り瓜実顔《うりざねがほ》で富士額《ふじびたい》生死《いきしに》を含む眼元の塩にピンとはねた眉で力味《りきみ》を付け壺々口《つぼつぼぐち》の緊笑《しめわら》ひにも愛嬌をくんで無暗には滴《こぼ》さぬほどのさび、背《せい》はスラリとして風に揺めく女郎花《をみなへし》の一時をくねる細腰もしんなりとしてなよやか。

つまり、書き言葉の近代日本文から、文末の言葉を取り去ると、ほとんどそれ以前の時代の文体、すなわち、新しい言葉をちりばめているとは言え、基本的には戯作《げさく》調の文体になってしまうことに気付くであろう。少なくとも、「あひびき」の文章と、それ以前の文章とのもっとも大事な違いは、「てゐた」などの新しい文末語の有無にある、と言うことができるであろう。

では、どうしてこのような文末の言葉使いが創り出されたのか。

第一に、「あひびき」は翻訳であった、という理由である。『浮雲』はもちろん翻訳ではない。これについては、第三章でふれたが、二葉亭じしんが、後年、一九〇六(明治三十九)年、『余が翻訳の標準』の中で、こう語っている。

されば外国文を翻訳する場合に、意味ばかりを考へて、これに重きを置くと原文をこはす虞がある。須らく原文の音調を呑み込んで、それを移すやうにせねばならぬと、かう自分は信じたので、コンマ、ピリオドの一つをも濫りに棄てず、原文にコンマが三つ、ピリオドが一つあれば、訳文にも亦ピリオドが一つ、コンマが三つといふ風にして、原文の調子を移さうとした。殊に翻訳を為始めた頃は、語数も原文と同じくし、形をも崩すことなく、偏へに原文の音調を移すのを目的

として、形の上に大変苦労したのだが、（原文の傍点は省略）

ここで重要なのは、「原文に……ピリオドが一つあれば、訳文にも亦ピリオドが一つ」、「語数も原文と同じくし、形をも崩すことなく」というところで、すなわち、ピリオドによる原文の切れ目にならって、日本語文の方にも切れ目を作った、ということである。つまり、「文」という文章中における切れ目のある単位を創り出した、ということである。

と言うと、日本文には、元来「文」という単位はなかったのか。その通りである、と私は考えている。『浮雲』の文章はその一例である。この文章は、当時行なわれ始めたばかりの、やはり翻訳に由来する句読法をまねて、ピリオドに相当するような句点が打ってある。が、それにもかかわらず、文の切れ目は明らかでない。とくに「お勢で。」や、「なよやか。」は、今日私たちの考えるような切れ目ではない。

こうして、翻訳文という要請が、日本の文章の中に「文」の切れ目を作り出させた。したがって文末というものが存在することになった。

しかし、これだけでは、文末の言葉使いの成立の、十分な条件ではない。文末の言葉使いとは、今まで私が述べてきたところによれば、「ている」、「た」、「だ」、「である」、などであり、これらは、文の述語である動詞、形容詞、名詞などの後につけ加わる言葉である。翻訳の原文の切れ目に対応する翻訳文の切れ目、ということであれば、動詞、形容詞、名詞などの述語までで十分であり、そこで切れてもよいはずだからである。

日本語の文章には、西欧語の形に従って、文という単位を持った切れ目がなければならない。だが、文章が切れ目を持つには、今度は、日本語じたいの方での、いわばある必然的な要請に従って、およそ文章が切れるときの、切れ目の形というものを持たなければならないのであった。

このような事情を、やはり二葉亭じしんは、こういうように語っている。

それは兎に角、円朝ばりであるから、無論言文一致体にはなつてゐるが、茲《ここ》にまだ問題がある。それは、「私が……で厶《ござ》います」調にしたものか、それとも、「俺はいやだ」調で行つたものかと云ふことだ。坪内先生は敬語のない方がいゝと云ふお説である。自分は不服の点もないではなかつたが、直して貰はうとまで思つてゐる先生の仰有《おつしや》ることではあり、先づ兎も角もと、敬語なしでやつて見た。これが自分の言文一致を書き初めた抑もである。

暫くすると山田美妙《やまだびみょう》君の言文一致が発表された。見ると、「私は……です」の敬語調だ。自分とは別派である。即ち自分は「だ」主義、山田君は「です」主義だ。後《あと》で聞いて見ると、山田君は始め敬語なしの「だ」調を試みて見たが、どうも旨《うま》く行かぬと云ふので、「です」調に定めたといふ。自分は始め、「です」調でやらうかと思つて、遂に「だ」調にした。

（『余が言文一致の由来』一九〇六〈明治三十九〉年）

つまり、新しい文体を創り出そうとしたとき、その文末語をどうするかが苦心のしどころであった、という事情の告白である。同じような苦心談は、四迷とともにこの言文一致と言われる文体の創始者であった人々、山田美妙や、尾崎紅葉《おざきこうよう》、あるいはその近くにいた人々によっても語られている。たとえば美妙の友人であった丸岡九華《まるおかきゅうか》は、こう語っている。

美妙は外国文の談話語と文章語との一致を、国文にも応用して見んとの意見を時々自分等に相談せしことありて、……何分語尾の構成法不充分にして、且つは創造者自身にも書馴れ耳馴れざる為め、「……であつた」「……した」「……面白かつた」なぞとしては、耳に荒く響き又極めてぞんざいなる独語の様にも聞こへ、「……でありました」「……しました」「面白ふございました」と叮嚀に書下せば、冗語多くして甘たるく筆に力なき語勢となる

（『硯友社文学運動の追憶』一九二五〈大正十四〉年）。

こうして二葉亭や美妙たちが求め、試みていた文末語は、日本の文体史上で言えば、上代以来の「き」、「けり」などや漢文訓読体における「なり」などの言葉使いと似ているかもしれない。だが、「き」、「けり」などの文末語としての機能は、本来係り結びの結びが中心であった。

そしてこのような形も、中世以後には崩れ、その後、日本文では、文末語の定型的な形はしだいに失われていくのである。とくに一般庶民の口語に近い文章ほどその傾向になり、たとえば連体形で止める候文のように、また近世後期の戯作者の文体のように、切れんとして切れず、だらだらとうねるようなリズムで続いていくような文体がふつうになるのであった。そのような文体の中で、たとえ「き」や「なり」が使われていても、それは「文」の終り、というような語感の機能ではなかった。

その一つの証拠に、明治の頃、句読法が始められて、文章中の大きな切れ目のとこ

ろで句点「。」を打つようになったとき、「き」や「なり」で句点を打たず、この二葉亭の文章のように、「で」とか、「て」の後で句点を打っているような例は、いくらでも見出《みいだ》されるのである。

ところが、二葉亭や美妙たちの求めていたのは、第一に西欧文の sentence という独立した単位に対応するような「文」であった。そして、その結果として、日本文としては、その独立した「文」の「文末形」を持たなければならない、と気づかれたのである。しかも、他方で言文一致という建前から、文を構成する言葉は大幅に口語を取り入れている。言葉は口語化されながら、文型は口語文の傾向ともっとも離れなければならない。

苦心の実験や曲折の後、結局彼らの到達したところは、たとえ「耳に荒く響き文極めてぞんざいなる独語の様に」受け取られようと、かえってそのような一種異和感のあるところで、これは「文」の終わりである、と宣言するかのような新しい形を作ってしまうことであった、と私は考えるのである。言文一致は、日本文にとって、「文」成立のもっとも重要な文末のところで、「言」でも「文」でもない新しい言葉の形を作り出していたのである。

「である」文の表現力

『吾輩は猫である』の文体

「何々は何々である。」というような日本語の文型がある。日本語の構文を、名詞文、形容詞文、動詞文というように分類して考えるときの、名詞文の一つの典型である。

この文型は、とくに論文調の文章でよく使われる。中でもとくに、翻訳文に多い。私の結論を先に言うと、これは実は西欧文の翻訳の過程で作られた文型なのである。つまり、「何々は何々である。」とは、作られた日本文である。が、今日では、私たちの日本文の中に抜き難い重要な地位を占めている。私のこの文の中にも、たくさん現われてくるはずである。しかしまた、他方、これは比較的新しい期間のうちに作られた翻訳の文型である、という性格も失われていない、と私は考える。そのしだいを、しばらく考えてみよう。

「何々は何々である。」という文型について考えるとき、その「何々は」という言い方の翻訳的性格は、西欧文の主語に対応する言葉に、訓読式の送りがな「ハ」をつけることから始まっていた。『和蘭字彙《オランダじい》』にその用例が多い。しかしここでは、文末語の「何々である」という言い方のところに焦点を絞って以下考えていきたいと思う。

まず、私じしん、日本文の書き手としての語感から述べよう。私の文章中で、「である」という言い方は、論文調の文章として多くも少なくもない、まあふつうの方だと思うが、文章の流れを引き締める上で、つい使ってしまう、という感じがある。しかし、同時に、重い語感を伴う。とくに、続けて「……である。」「……である。」などと書くと、重く、固い文になってしまった、と感じる。要するに、「である」という構文は、引き締まっていていい、という語感をもつが、他方、重く、固い語感を伴っている、ということである。

『吾輩《わがはい》は猫である』という有名な題名の作品がある。著者夏目《なつめ》漱石《そうせき》は、この「何々である」の文型を題名とするとき、その語感の効果を当然考えていたであろう、と思う。おそらく、近代日本語を母語とする人なら誰でも分ると思うが、いささか滑稽《こっけい》なのである。もちろん、文の意味内容の上で、「猫」が「吾輩」と言うのは滑稽である。が、それが、身分不相応にかしこまって、大いに気取って、ふんぞり返って言っているような感じが、文形式の上でも、「……は……である」に表わされているのである。

漱石の文章の中では、「である」はそれほど多い方ではない。が、この作品の中では、とくに目につくように思う。例を挙げて、「である」の構文上、文体上の効果、機能というようなことを考えてみよう。

ただ置けば必ず落ちる。しかし手放しで落ちては、あまり早すぎる。だからなんらかの手段をもってこの自然の傾向をいくぶんかゆるめなければならん。これすなわち降りるのである。

まず、引用文全体としての流れをとらえてみたい。引用部分には四つの文があって、それぞれ、「……落ちる。」「……早すぎる。」「……なければならん。」「……のである。」と続いており、先行する三つの文も含めた四つの文全体が、「である」によってまとめられたような区切りになっている、と感じられるだろう。同じような文体は、『吾輩は猫である』の中の至るところにある。それはこの作品中、猫の独白の部分などでとくに目につき、題名の『吾輩は猫である』の「である」と呼応するかのごとく、文体の特徴として感じられるのである。

なぜそう感じられるのか。この引用文でみると、始めの三つの文は、いずれも動詞文である。これに対して、四つめの「である」文は、名詞文である。「降りる」というのは動詞だが、次の助詞の「の」は、先行する句を名詞化する働きをもっており、文法学者によっては、「こと」、「もの」などと同じく形容名詞であるとも言う。とにかく「の」のところで先行する句が名詞化され、それを「である」が受けて、結んでいる名詞文となっている。名詞文「である」のうちでも、「のである」の型はかなり用例が多い。

一般に、日本文では、文展開という次元から見ると、文末にくる動詞は、一つの文を括《くく》るとともに、次の文へと受けついで行く働きを持っている、とも考えられる。要するに、名詞文「である」が、ここでいくつかの文の流れの中に大きな切れ目を作っている、と考えられるのである。

しかし、それだけではない。同じ名詞文でも「だ」で終る場合を考えてみると、どうも上述のような機能は弱いように思われる。「我輩は猫だ」では、「である」に比べて効果が乏しい。「のだ」という切れ目は、「のである」という切れ目より弱い。なぜか。それは、「である」という言い方が、書き言葉独自の表現であることからくるのであろう、と私は考える。私たちは、今日でも、日常「である」と口にすることは、まずない。「だ」とは言う。「それは私のだ。」とは言うが、「それは私のである。」と言えば、特別な演説口調のときぐらいだろう。

以上、考察した範囲で言うと、「である」は、名詞文であり、書き言葉であるという性格から、他の動詞文や、日常口語で使われる文に比べて際立っているということ、このことから、文のはっきりした切れ目を作り、文を引き締める効果を持つ。また、特に意識的に他の文と対比され、浮き立たせて、滑稽な語感の効果を生じさせることもできる、というようなことが言えるであろう。

「である」の哲学

「である」は、論理学上のコプラ（Copula, 繋辞《けいじ》、連語などとも訳される）である、と言われる。果たしてそうだろうか。あるいは、どこまでそう言えるのだろうか。また、そうではないのか。

たとえば、A is B. の翻訳文は、ふつう「AはBである。」となるだろう。そこで、この「である」は、is と同じだ、と言うのである。もっとも、「AはBだ。」の「だ」、「AはBなり。」の「なり」なども同じように考えられるが、ここではとくに、今日こういう文でもっともふつうに使われる「である」を考えよう。

和辻哲郎《わつじてつろう》は、『人間の学としての倫理学』（岩波書店刊）の中で、日本語における「である」を、「がある」と並べて考え、西欧語の be や sein などと対比して、倫理学、哲学上の問題として論じている。日本の学者としては珍しく言葉感覚にすぐれた人であって、傾聴すべき所が多い。以下、彼の説く所を紹介しつつ、考えてみよう。

まず、言葉の問題として考えると、「である」は、もとは「にてある」であった。かつて「である」と同じように使われていた「なり」も、もとは「にあり」という形である。つまり、A is B. を「AはBである。」や、「AはBなり。」と訳すとき、その is に相当する、とふつう考えられる「である」や「なり」は、もとの形として、助詞プラス「あり」、または「ある」があったわけである。ここで、「ある」は、もと「あり」の連体形であったが、後、終止形として使われるようになったものである。

「ある」は、漢字で「有る」、「存る」、「在る」などと宛てられるように、「存在する」というような意味をもっている。

ところで、西欧語の be や sein や être などは、以上述べたコプラとしての意味をもつとともに、たとえば、A is. つまり「Aがある。」と翻訳されるような意味がある。やはりものが存在する、という意味である。ここで、西欧語と日本語との、意外に深い共通点に思い至る。これがまず和辻の考えの大前提である。つまり、西欧語

be などと、日本語「ある」とは、ともに、存在するという意味の「がある」と、コプラとしての「である」との意味を併せ持っている。

次に、和辻哲郎は、ここから出発して、その違いを指摘する。西欧語では、存在の意味とコプラの意味とで、同じ be や sein が使われる。これに対して、日本語では、共通の「ある」を形として残しつつ、存在の意味は「がある」に、コプラは「である」に分化している。この点で、日本語の表現の方が優れている、と言う。

以上のような言葉の事情を踏まえて、和辻は、「がある」と「である」とに共通する基本的な意味として、「ある」、つまり「有る」を考えるべきだ、と言う。「がある」とは、哲学や倫理学における存在論の問題であり、「である」とは論理学の問題だが、その両者に共通する意味を考えよう、というのである。

「有」とは、「がある」という意味とともに、「所有」「有志」などの語法で分るように、「もつこと」の意味がある。ハイデッガーがギリシャ語の ousia について、同じようなことを論じている、と言う。「金があるとは人間が金を有《も》つ」のである。「人間があるのは人間が人間自身を有つこと」なのである。

「である」も、基本的には同じように考えられる、と言う。ある物について、「この物は何であるか。」と問うのは、その物の有り方をたずねている。物自身をたずねているのではなく、人間がいかにその物を有つか、と問うのだ。「机である」と答えるのは、その物の有り方、有《も》ち方である。「風が静かである。」とは、「人間がその風を静かに感受されるものとして有《も》つ」ということなのだ、と言うのである。

さて、私は、この意見で、「がある」と「である」とに共通の「ある」の意味があり、それはもと「がある」の方の意味である、という考え方に賛成したいと思う。何よりもそれは、日本語の語感をとらえている、と思うからである。多少私流に解釈し直して言えば、「我輩は猫である。」とは、「我輩は猫、ということがある。」と言い換えた意味に近い、ということになろう。「これすなわち降りるのである。」とは、「これすなわち降りる、ということがある。」と言ったらよいであろうか。

この、日本文としてはやや特異な、ひっくるめてその全体を、ものやことの存在として表現する言い方が、始めに述べた、重い語感、引き締まった語感の一つの重要な原因であろう。

ところで、私は、この和辻の意見には賛成できない所もある。まず、西欧の論理学上のコプラもまた、同じように解釈し得るのか、という疑問である。西欧語のコプラは、主語が必ず発言される文の中で、主語と属辞との中間にあって両者をつなぐ働きをしており、また、主語の影響に支配されて、格変化、時称変化などをする、こういう形式上の機能は、明らかに私たちの「である」とは違う。

さらに、彼のこの意見の大前提の所が、実は問題なのである。つまり、先ほどの述べた所であって、日本語の「ある」には、西欧語の be や sein などと同じような、存在の意味とコプラの意味との併存ということは、果たしてあったのか、どこまであると言えるのか、という問題なのである。

ここで、翻訳論の問題に入らなければならない。

蘭学者の造語「デアル」

「である」という言葉がよく使われるようになる以前には、かつて「なり」という言葉がコプラのような機能を持っていた。これはあるていどは認めてよいであろう。それは、「なり」が、「也」の訓に宛てられていたためである。A is B. を「A者B也。」と翻訳し得ると考えるとき、それを認め得る範囲で、「A者B也。」の翻訳日本文「AはBなり。」の「なり」が、A is B. の is に対応する、と考えられるからである。

「である」には、このような背景はなかった。「である」は、蘭学者の用法を通じて、コプラとしての用法を与えられ、いわば背負わされるようになった、と考えられる。

一八五五～五八（安政《あんせい》二～五）年、桂川甫周《かつらがわほしゅう》の『和蘭字彙』が刊行された。これは、フランソア・ハルマの蘭仏辞書をもとに、蘭日辞書に翻訳した「ドゥーフ・ハルマ」の改訂版であるが、それ以前の辞書と全く趣を異にして、大部であり、訳も詳しくなっている。とくに、その訳文が注目される。原文中の例文を引用して、今日のいわゆる直訳で、一語一語漢文訓読のように和文にして行くから、当然まず新語、造語が多くなる。また、構文としても、西欧語構文を直訳した翻訳調の日本文が作られた。そして、その単語も、構文も、その後英学に継承され、さらに今日まで受けつがれているのが多い。近代日本文の重要な源を、ここに見出すことができる。とりわけ、学問・思想などを語る固い感じの日本文の、おそらくもっとも重要な原点がここに見出せるように思う。

その中に、「である」文の原型もあった。このことは、すでに山本正秀《やまもとまさひで》が指摘しているが（『言文一致の歴史論考』第二十章、一九七一年、桜楓社）、私の見解もまじえて、以下考えてみよう。たとえば、

Dat is haar lief.

夫レハ彼女ノ恋ヒ人デアル

Dat is een lief kind.

のように、蘭文と和訳文とが併記されている。ここで、「《デ》アル」という所を注目しよう。それぞれの原文の二番目の語、is の訳語である。is はたまたま英語と同じ形だが、英語の be 動詞に相当するオランダ語 zijn の三人称単数現在形である。訳者は、この is を、日本語の「アル」と受けとめたのであろう。小字の「デ」は、漢文訓読でおなじみの送りがなと同じように、原語 is の方には含まれていない意味の言葉だが、日本語表現上必要であるとしてつけ加えられたことを示している、と考えられる。

つまり、zijn とは、まず「アル」であった。もちろんこれは「有る」、「在る」であり、和辻哲郎の言う「がある」である。それは訓読の必要によって「《デ》アル」と表わされた。「である」のもとは、やはり「がある」であった。

『和蘭字彙』全体を通して見ると、zijn が原文になるときは必ずと言ってよいほど、訳文の方に「アル」。そして「イル」がある。「デアル」は多いが、「《デ》アル」もかなりある。また、

Deze eeuw is lusdeloos.

今ノ「エーウ」ハ不仁ニアル

のような「ニアル」もある。

もっとも、それまでの日本語に「デアル」という言い方はなかったわけではない。が、この頃はそれほど多く使われていなかった。とくにここで「デアル」という表記は、従来の「デアル」とは切り離されて、翻訳の必要上造語されたことをよく物語っている。そして、この辞書に「デアル」はかなり多く使用されており、その量的な多さという点でも、新たに書き言葉の文体を作り出していた、と言えるであろう。

こうして、西欧語のコプラ zijn は、この頃、翻訳の必要に応《こた》えて、zijn のもう一つの存在を表わす意味の訳語「アル」と宛てられた。そしてそれは多くは「デアル」と訓読された。それがやがて翻訳の場を中心として定着して行った、と考えられる。

それから一世紀以上が過ぎた。が、言葉の歴史としてはまだまだ新しい。今日の私たちの使う「である」には、そのもとの意味は、何らかの形で生き続けているはずであろう。

「現在形」としての動詞止め文

漱石の動詞止め文体

夏目漱石の文章の特徴の一つは、動詞や形容詞の終止形で文を止め、句点を打っているような文が多いことである。たとえば、『吾輩は猫である』の巻頭一ページ目あたりにこんな書き方がある。

この書生の手のひらのうちでしばらくよい心持ちにすわっておったが、しばらくすると非常な速力で運転し始めた。書生が動くのか自分だけが動くのかわからないがむやみに目が回る。胸が悪くなる。到底助からないと思っていると、どさりと音がして目から火が出た。

ここで、四つの文の文末の所だけとり出すと、「し始めた」、「回る」、「悪くなる」、

「出た」、となっており、二つの「た」にはさまれて、動詞の終止形のまま止めた文が二つ続いている。

同じような、動詞終止形、あるいはもっと例は少ないが形容詞終止形を文末に用いた文は至る所に見出せる。それは、続けて、たたみかけるように使われている場合が多い。もう一つ例をあげよう。


「とにかくこの勢いで文明が進んで行った日にゃ僕は生きてるのはいやだ」と主人がいい出した。

「遠慮はいらないから死ぬさ」と迷亭が言下に道破する。

「死ぬのはなおいやだ」と主人がわからん強情を張る。

「生まれる時にはだれも熟考して生まれるものは有りませんが、死ぬ時にはだれも苦にすると見えますね」と寒月君がよそよそしい格言をのべる。

「金を借りるときにはなんの気なしに借りるが、返す時にはみんな心配するのと同じ事さ」とこんな時にすぐ返事のできるのは迷亭君である。


ここでも、五つの文の文末の部分だけとり出して並べてみると、「いい出した」、

「道破する」、「強情を張る」、「のべる」、「である」、となっていて、始めの「た」と終

りの「である」にはさまれて、動詞終止形文末の文が三つ続いている。この三つは、

前の例と違って、もう少し大きくとって見てみると、「と迷亭が言下に道破する。」、

「と主人がわからん強情を張る。」、「と寒月君がよそよそしい格言をのべる。」となっ

ていて、いずれも「と」プラス動詞終止形止め、という文体である。これは後に述べる「ト書き」の文体でもある。

このような動詞終止形の、まず文法上の意味は何なのか。

ごくふつうに、漠然と考えられているところでは、動詞終止形は現在形の表現である、という見方がある。たとえば、つい近頃のことだが、『アンアン』という雑誌が読者にうったえたスローガンの文句に、「アンアンはやった。アンアンはやる。アンアンはやるだろう。」というのがあった。

この文句を見ると、多くの日本人は、これは過去形、現在形、未来形を並べたものだ、と感じるに違いない。このスローガンの作者は、明らかにそれを意識している。つまり過去の文末は「た」、現在の文末は終止形止め、未来の文末は「だろう」という形である。そしてこの常識は、多くの日本人は文句なく承認すると思うが、私たちがかつて英語の勉強で教わった英語における時称の翻訳の形である。おそらく、この

ような言い方をみれば、英語の did, do（または does）、will do を思いうかべ、その翻訳のおきまりの言い方として、「やった」、「やる」、「やるだろう」が出てくる、あるいは、英文の方は思いうかべなくても、翻訳日本文のおきまりの言い方の方だけは出てくる、というわけである。

そうすると、漱石のあの動詞文は、現在形を表わしているのか。

そう思われるようなところも確かにある。始めの例で、「目が回る」、「胸が悪くなる」、のような言い方は、その動作が目の前で起っているような印象をひき起すであろう。

ところが、その前後の文を見ると、「運転し始めた」、「目から火が出た」となっていて、これは今日の文法学説上、過去または完了の表現のはずである。一連の動作が、二つの過去または完了表現の間にはさまれて、まん中の二つは現在表現、というのでは、これはどうもおかしい。

漱石の動詞文は、現在の時称の表現であるという解釈は、もっともかな、と思われる面もあるが、どうもすっきりしない。

ところで、近頃の日本語文法学者のうちで有力なのは、このような動詞終止形は、現在表現ではなく、未来、または一般的、習慣的表現だ、という説である。

たとえば久野暲《くのすすむ》の『日本文法研究』(一九七三年)によると、大部分の動詞の終止形は、未来、または習慣的、普遍的動作を表わす、と言うのである。もう少し詳しく言うと、動詞、形容詞、形容動詞をまとめて「動形詞」と言い、形容詞、形容動詞のすべてと、一部の動詞、「解ル、出来ル、聞エル、見エル、要ル、有ル、在ル」を〔+状態的〕動形詞と言う。残りの動詞、つまり大部分の動詞は、これに対して〔−状態的〕動形詞と言う。

そして、

動形詞が現在形で用いられている場合には、次の事が言える。

a、〔+状態的〕動形詞は、現在時の状態を指し、

b、〔−状態的〕動形詞は、未来時の動作を指すか、現在時の習慣的動作、或いは普遍的動作を指す。

と言うのである。

ここで始めに言う「動形詞が現在形で用いられている場合」の「現在形」という言い方にはちょっとひっかかるが、要するに、従来の文法上の終止形というのは、その

典型的な場合である。たとえば、「私そこへ行く。」と言えば、この「行く」は未来時の動作で、また、「ここの学生はよく遊ぶ。」と言えば、この「遊ぶ」は、習慣的、または普遍的動作というわけである。

そこで、この考え方で、漱石のあの用例を見てみるとどうか。漱石のあの動詞文は、いずれもどうも、全然当てはまらないようである。漱石のあの動詞文は、いずれも「未来時の動作」ではない。「習慣的動作」や「普遍的動作」でもない。

もっとも、漱石の用例中には、この理論があてはまるのではないか、と思われるものもある。たとえば、

吾輩は時々忍び足に彼の書斎をのぞいてみるが、彼はよく昼寝をしている事がある。時々読みかけてある本の上によだれをたらしている。彼は胃弱で皮膚の色が淡黄色を帯びて弾力のない不活発な徴候をあらわしている。そのくせに大飯を食う。大飯を食ったあとでタカジャスターゼを飲む。飲んだあとで書物をひろげる。二三ページ読むと眠くなる。よだれを本の上へたらす。これが彼の毎夜繰り返す日課である。

ここで、「食う」、「飲む」、「ひろげる」、「眠くなる」、「たらす」、と、五つ連続している動詞終止形は、そのあとの「これが彼の毎夜繰り返す日課である」という説明で、まさしく「習慣的動作」と知られるのである。

しかし、漱石のこの書の中での用法の全体を通じて、久野暲の言う説明は、当てはまらない場合の方が多い。久野の言うこの理論は、今日ではかなり有力な文法学説の代表のようだが、結局、日本語の話し言葉に対しては妥当であるとしても、どうやら近代以後の日本の書き言葉には適当でないようである。

特異だった動詞止め文体

『吾輩は猫である』における動詞終止形止めの文末の文体は、ほとんど漱石の創始した文体である、と言ってもよいであろうと私は考えるのだが、このことは、この発表前後の文体史を見てみるとよく分る。

後に詳しく述べるが、近代以前には、このような文体は、決してなかったわけではないが、その機能が違っていて、特殊な場における用法であり、少なくとも和文脈の主流ではなかったのである。

近代以後になって、明治二十（一八八七）年代に、二葉亭四迷や、山田美妙や、尾

崎紅葉らによって、「た」、「である」などの文末の、近代口語文が書かれるようにな
ったが、動詞終止形の文末はほとんど用いられていない。動詞でも「ある」とか形容
詞の終止形ならば、つまり久野の言う（＋状態的）動形詞は見出せるのだが、（－状
態的）動形詞はまずない。やがて明治三十（一八九七）年前後の頃になると、日本の
小説文の中に少しずつ現われてくる。
たとえば、一八九六（明治二十九）年、『文芸倶楽部《クラブ》』に発表された広津柳浪《ひろつりゆうろう》の『今《いま》
戸《ど》心中』の中には、

吉里は燈台煌々《くわうくわう》たる上の間を眩しさうに覗いて、「何だか悲アしくなるよ。」
と、覚えず腮を襟に入れる。

のような用例が散見する。これは漱石の引用例中にもあった「ト書き」の形である。
泉鏡花《いずみきようか》の『湯島詣《ゆしまもうで》』（一八九九年刊）にも、

哀な雛妓《おしやく》が、
「えゝ」、と答へてがっくりと飲む。

のようなト書きの形があちらこちらにある。

ト書き形式以外の用例は、この頃にはきわめて少ないが、独歩《どっぽ》の『武蔵野《むさしの》』（一八九八年、『国民之友』）に、

楢の類だから黄葉する。黄葉するから落葉する。時雨が私語く。凩が叫ぶ。一陣の風小高い丘を襲へば、幾千万の木の葉高く大空に舞ふて、小鳥の群かの如く遠く飛び去る。木の葉落ち尽せば、数十里の方域に亘る林が一時に裸体になって、蒼ずんだ冬の空が高く此上に垂れ、武蔵野一面が一種の沈静に入る。空気が一段澄みわたる。遠い物音が鮮やかに聞える。自分は十月二十六日の記に、林の奥に坐して四顧し、傾聴し、睇視し、黙想すと書いた。

という一節がある。この一節だけであるが、これは近代日本文における動詞止め文体のもっとも初期の典型、とも言えるのではないだろうか。もっとも、これも実質的には、後述のように、意味内容だけをドライに伝える伝統的なト書き文に近い。

こうして見てくると、漱石の動詞止め文にも先輩はあったのであるが、漱石の場合

は、第一に、現在時の表現として意識的に使われた、と考えられる例が多いのである。それにもっとひんぱんに使った。しかも、続けてくり返している場合が多く、明らかに意識的に使われている。文体上の効果をはっきり意識していた、と考えられる。

このことは、その後の漱石の文体の影響、という面から考えてみてもよく分る。『吾輩は猫である』は、一九〇五（明治三十八）年、雑誌『ホトトギス』に載った。その翌年、鈴木三重吉《すずきみえきち》の処女作『千鳥《ちどり》』が、漱石に激賞されて、この『ホトトギス』に載ったのである。その文体を見てみよう。その出だしのところ。

千鳥の話は馬喰の娘のお長で始まる。小春の日の夕方、蒼ざめたお長は軒下へ蓆《むしろ》を敷いてしょんぼりと坐っている。干し列べた平茎《ひらぐき》には、もはや糸筋ほどの日影もささぬ。洋服で丘を上ってきたのは自分である。お長は例の泣きだしそうな目もとで自分を仰ぐ。親指と小指と、そして襷《たすき》がけの真似は初やがこと。その三人ともみんな留守だと手を振る。頤《あご》で奥を指して手枕をするのは何のことか解らない。藁《わら》でたばねた髪の解《ほっ》れは、かき上げてもすぐまた顔に垂れ下る。

一見して、それまでなかった新しい文体であることが分る。その中心は、動詞、形容詞の終止形止め文末である。これはこの作品を一貫している。

そしてこの文体は、明らかに漱石の『猫』の影響であろう。それもとくに、動詞止め文を受継ぎ、もっと多用して徹底している。

漱石の場合は、動詞終止形はいたるところで連続してたたみかけるように使っているが、何度かくり返した後は、「た」とか、「である」が現われることが多い。前掲例の始めのは、「回る」、「悪くなる」、「出た」となっていて、この「た」のところで大きな切れ目になっているように思われる。後の例では、「道破する」、「張る」、「のべる」と続いて、その後は「である」となって、これもこの「である」が、あたかも小さな区切れの後の大きな区切れを作っているかのようである。

ところが三重吉の『千鳥』では、どこまでも動詞終止形を続けていくかのようで、たとえば各段落の終りを書き出しのところから見て行くと、「垂れ下る」「すっかり出る」「思われる」「解き捨てる」「という」と、ほとんど動詞止めである。

漱石の文章では、前例のように、動詞終止形を今「スル」で代表させるならば、「……た。……スル。……スル。……た。」とか、「……スル。……スル。……スル。……である。」のような一種のリズムがあり、それでまた、独特のメリハリの効いた文体を形づくっていたのである。三重吉のこのもっぱら「スル」中心の文体は、その後あまり書かれなくなったので私たちがあまり慣れていない、ということもあろうが、どうも何か中途半端な感じがするようではないか。もっともこれは、読む人の言葉感覚にもよるであろう。

三重吉に限らず、この頃以後、『ホトトギス』一派の人々の文章は、とりわけ動詞終止形止めが多用されている、と気づくのである。

さて、こうして動詞文の文体が、漱石の『吾輩は猫である』を中心として形成されてきたことを見てきたが、この動詞文の文法上の意味は何か。すでに考察したように、今日の日本語文法論にはその答えは見出されない。そこで私は、このことを考えながら、まず動詞止め文の歴史を探ってみたいと思う。

動詞止め文の始まり、ト書き

一貫した文体としての動詞終止形止めの文体は、私の見る限り、近世における歌舞伎脚本のいわゆるト書きに始まっている。それ以前では、和文脈の日記文や『平家《へいけ》物語』のような漢文脈の中でも、動詞止め文は一部で使われているが、動詞止め文を中心とする文体は、ト書きに始まる、と思われる。

その初期の頃の用例を、一七五三（宝暦三）年に上演された並木正三の『幼稚子敵《おさなごのかたき》討《うち》』に見てみよう（『日本古典文学大系』岩波書店による）。

大橋「そんなら皆様《みなさん》、行《ゆく》ぞへ。」
伝兵「サア、おじゃいのふ。」
ト大橋、伝兵衛、廓の者皆々這入る。
……
官蔵「お身は傾城《けいせい》を、ヱヽ、詮議《せんぎ》さっしゃれ。」
新左「ヱヽ、詮議《せんぎ》致して見せう。」
官蔵「せいよ。」
新左「して見せう。」
ト詰合《つめあ》ふ。向ふ。ぱた〳〵と太刀音《たちおと》して、お初抜刀《ぬきがたな》にて出る。

見るとすぐ分るように、「ト」で始まる説明文の終りは、いずれも「這入る」、「詰合ふ」、「向ふ」、「出る」と動詞終止形で止めてある。この脚本のト書きのほとんどは、このような文体になっている。そしてこれは、今日の戯曲の文体にまで継承されている。

いったいどうして脚本のト書きに、このような終止形止め文体が使われるようになったのか。

この脚本の半世紀前、一七〇二（元禄《げんろく》十五）年の近松門左衛門《ちかまつもんざえもん》の『けいせい壬生《みぶ》大念仏』の文章を見てみよう。これはやはり歌舞伎の脚本として使われたが、脚本の文体の形式になっていない。いわゆるト書きはないわけだが、ト書きに相当する、言わば「と書き」の部分と比較してみよう（『日本古典文学大系』岩波書店による）。

……今は是迄と高遠は、日比《ひごろ》念じ奉る地蔵薩埵《さった》の前にて腹切らんと、壬生《みぶ》の堂へ走り入《いり》、「南無六道能化《のうけ》の地蔵井、菩薩《ぼさつ》、是迄也」と、既にかうよと見へ給ひし時、忝《かたじけな》くも地蔵薩埵《さった》の一人の僧と現はれ、多くの敵を追い退け給ふ故、其場の難を遁《のが》れ、遂に戦に勝利を得給ふ。

……「扨《さて》はさやうでござりますか。お姫様へ其由《よし》を申上ん。こなたへ。」と打連れ皆々奥へ入にける。

……かくて下邸にて、壬生《みぶ》の体《てい》を学び、猿の渡る綱を張り、鉦《かね》打叩き「母見たく」

と、大念仏を始め給ふ。

見て明らかなように、「と」の後は、「と……給ひし時、……得給ふ」、「と……入にける」、「と……始め給ふ」などとなっていて、「と」の後だけ特別の文体になっていない。当時のふつうの文体と同じである。

つまり、ト書きの動詞止めの文体は、脚本形式とともにうまれたのである。そしてこのト書き文体は、ふつうの文章とは異なる、特別の文体だったのである。

思うに、脚本形式の文章では、会話の部分と、ト書きの部分とは、はっきりと別の次元に属している。何よりも、語りかけている相手が違う。会話の部分は、演技者の発言を通じて、結局一般観客に宛てられている。だが、ト書きの部分は、一般観客は眼中にない。これは演技者だけに宛てられた文である。会話の文はオモテ向きの、正式の文だが、ト書きの文はウラ向き、内輪向きの、言わば仮りの文である。

文法上から見ると、ト書きの文は、文末に助動詞が欠けている。近松の「と書き」の文末は、「給ふ」、「ける」など、動詞のあとに、さらに助動詞がついて、その終止形が文末になっているのに、これがト書きにはないのである。

さらに、ト書きの文を会話の文とくらべると、「……是迄也」の「なり」や、「して見せう」の「う」のような、これもやはり助動詞に欠けているばかりでなく、「サア、おじゃいのふ」の「のふ」や、「せいよ」の「よ」のような、終助詞が欠けている。すなわち、ト書きの文末の文法上の特徴は、通常ならばさらにその後につくはずの、助動詞や、終助詞の欠けた文なのである。

前項で私は、鈴木三重吉の動詞文を、何か中途半端な終り方の文、と述べた。それは文法的にはこういうことなのであり、おそらくこういう文の成立した近世以来、それは不完全な、中途半端な文だったのである。

書き言葉日本文における敬語

ト書き文の文法的な特徴は、文末に、助動詞、終助詞などが欠けていることであるが、この助動詞のうち、たとえば前例で見たような「給ふ」のような敬語が欠けている、ということは重要である。このことについて考えてみよう。

日本語は、とくに敬語の多い言語であるが、話し言葉ばかりでなく、書き言葉にも、古来敬語がよく使われた。

いづれの御時にか、女御更衣あまたさぶらひたまひける中に、いとやむごとなき際にはあらぬが、すぐれて時めきたまふありけり。はじめより我はと思いあがりたまへる御方々、めざましきものにおとしめそねみたまふ。同じほど、それより下﨟の更衣たちは、ましてやすからず。朝夕の宮仕につけても、人の心をのみ動かし、恨みを負ふつもりにやありけん、いとあつしくなりゆき、もの心細げに里がちなるを、いよいよあかずあはれなるものに思ほして、人のそしりをもえ憚らせたまはず、世の例にもなりぬべき御もてなしなり。(傍点は柳父《やなぶ》)

有名な『源氏物語』の冒頭の一節である。ここでとくに助動詞の敬語に注目してみよう。「たまふ」、「たまへる」などは、女御《にょうご》、更衣《こうい》など宮廷人への敬語であり、その人たちの行為を表現する動詞のあとについている。次の「人の心をのみ動かし、恨みを負ふつもりにやありけん、いとあつしくなりゆき、もの心細げに里がちなるを、」と、この一連の行為表現の動詞のあとには敬語がない。これは、ここではとくに身分が低く「いとやむごとなき際にはあらぬ」ヒロイン桐壺《きりつぼ》のことだからであろう。さらにまた、「人のそしりをもえ憚らせたまはず」の「せたまふ」は、中でも一段と敬意の厚い敬語であって、この「憚る」という行為の主格は表現されていなくても、これは帝《みかど》の行為のこと、と分るのである。

このような敬語は、当然まず登場人物への敬意の表現である。が、それだけでなく、小説の読者への敬意の表現でもある。このことは、はっきりとは分りにくいが、たとえばもしこのような敬語表現を欠いたならば、登場人物に対してばかりでなく、読者に対しても失礼なこと、と考えられるであろう。読者は、この筆者とほぼ同じ身分と想定され、話し言葉で語るならば、こういう敬語を用いるであろう、という一つの敬語体系の場で設定されている、と考えられる。

このような書き言葉における敬語は、以後時代が降《くだ》るに従って少なくはなるが、近代文成立以前まで、とくに伝統的なやまと言葉の文体の系譜の文章では、まずなくなることはない。前掲の近松の文章もそうであるが、一気に時代を明治にまでもってきて、一八八六（明治十九）年の二葉亭四迷の『浮雲』を見てみると、その冒頭の一節、

千早振る神無月も最早跡二日の余波《なごり》となッた廿八日の午後三時頃に神田見附の内より塗渡《とわた》る蟻、散る蜘蛛の子とうよ〳〵ぞよ〳〵沸出でゝ来るのは孰《いづ》れも顋《おとがい》を気にし給ふ方々、

と「給ふ」がやはり現われてくる。もっとも二葉亭は、逍遥《しょうよう》のすすめで敬語のない文

を書いた、と自ら語っている（『余が言文一致の由来』）だけに、『浮雲』の本文の地の文を全体として見ると、敬語はきわめて少なくなっている。が、僅かとは言え、こうして散見する敬語表現に、筆者二葉亭が読者を意識しつつ、あたかも話しかけるように書いている、という姿勢が感じ取れるであろう。

二葉亭は、後この『浮雲』について語ったところによると、円朝《えんちょう》の文体がそのお手本の一つとなっていた、と言う。そこで円朝の文体を見てみると、一八八四（明治十七）年に出された三遊亭《さんゆうてい》円朝演述、若林玵蔵《わかばやしかんぞう》筆記の『怪談牡丹燈籠《ぼたんどうろう》第一編』の始めの一節（『明治文学全集』筑摩書房による）、

寛保三年の四月十一日、まだ東京を江戸と申しました頃、湯島天神の社にて聖徳太子の御祭礼を執行《いたし》まして、その時大層参詣の人が出て群集雑踏を極めました。茲《ここ》に本郷三丁目に藤村屋新兵衛といふ刀剣商が御座いまして、その店頭には善美《よき》商品《しなもの》が陳列《ならべ》てある所を、通行《とほり》かゝりました一人のお侍ハ、

ここではいろいろな敬語がかなり多く使われている。「申し」、「執行《いたし》」、「御座い」、「お侍」、それから「ます」という一連の助動詞がそうである。とくに「申し」、

「執行《いたし》」という謙譲の敬語は、もとが話し言葉であることから、明らかに聴衆を意識した敬意の表現である。

ト書き、「黒子」としての文

日本文では、書き言葉の文章でも、近代文成立の直前に至るまで、敬語を用いて書かれていた。

そこで、あの脚本のト書きの文体は、敬語が使われていない、という一つの特徴をとっても、きわめて稀《まれ》な、日本文章史上の例外なのである。

ト書きは、一般の読者、聴衆を想定しない文である。限られた芝居関係者、とくに演技者を明らかに想定しているが、それは言わば筆者にとって特別な、人間である。不特定の多数の一般人ではない。逆に言えば、上代以来の日本文の伝統は、不特定の多数の読者を、敬意を持って語るべき範囲の人として想定していた。それは、今日私たちが書き言葉、エクリチュールの対象として考える未知の多数者と言うよりも、むしろ話し言葉、パロールの対象となる人々と似ている。伝統的な日本の書き言葉は、この意味で話し言葉に基礎を置いていたのである。もっとも漢文訓読の流れを汲《く》む文体はそうではなく、話し言葉とは切れた書き言葉の系譜を受け継いできたが、これはむしろ、伝統的日本文に対して傍系である。

ト書きは、ただ言いたいことの意味内容を伝えれば足りる。動詞や形容詞の指示する一般的な観念さえ伝えられればよい。筆者にとって、その相手は、言わば内輪の人間である。用事を言いつけるようなものである。

逆に言えば、まともな伝統的日本文は、ただ言いたいことの意味内容を伝えただけでは終っていない、ということである。動詞、形容詞の終止形は、ただ一般的観念を語っているだけなのだが、それに加えて、敬語を含む助動詞や助詞など、その意味内容に対する筆者の主体的態度を表現する言葉をつけ加えなければならない、ということである。それは、その意味内容と、筆者と、さらに想定された読み手との相対的関係で成り立つ多分に心情的な表現である。「給ふ」、「けり」、「ます」、「のふ」、「よ」などの文末語である。これまで多くの文法学者たちに説かれている陳述、ということである。

ト書きの動詞文が、内輪の者に用事を言いつけるような文体である、という点では、これは今日の私たちの日本語の言葉使いのうちにも受け継がれている、と言えるのではないか。たとえば命令の意味で、「開けたら閉める」とか、「寝る前には灯《あかり》を消す」などと言うことがある。思うにこのような表現法は、「閉めること」とか、「閉めるのだ」というような言い方の省略形で、とすればこの「閉める」や「消す」は、終止形と言うより連体形と見るべきであろう。あるいはその連体形としての語感が残された表現と言うべきか。

日本語の歴史上、用言の連体形は、しだいに終止形を駆逐するように、終止形の座を占めて行き、用言の連体形と終止形とは同形になってきた。それはおもに中世の頃のことであるが、ト書きの書かれた近世には、まだ連体形の語感はたぶんに残っていたであろう。そうすると、私がこれまで述べてきたト書きにおける終止形止め、ということは、あるいは連体形止め、と言うか、連体形の語感を残した終止形止め、と言うべきであろうか。

伝統的な日本の書き言葉の文が、その読者として、敬意をもって語るべき人々を想定してきた、ということは逆に、ト書きの文章は、敬意など必要とせず、意味内容だけを伝えればよい人々を対象としている。このことは、伝統的な日本文が、文末の助動詞、助詞によって、たぶんに情緒的に、主観的に語られるのに対して、ト書き文は、もっぱら意味内容を中心に、客観的に語られる文である、ということを意味している。多数読者または観客に宛てられた文が主観的で、少数演技者に直接宛てられた文が客観的である、ということは、ちょっと考えると矛盾とも受け取られるかも知れない。

この事情を理解するためには、表現における二重構造というものを考えてみなければならない。

ト書きの文章は、一般読者に宛てられたものではない、ということは、一般読者が実際に読まない、ということと同じではない。読者は、ト書きの文章も、実際上当然読む。ただし、読んでも、これは正式の文章ではない、というようなつもりで読むのである。

これは、歌舞伎における黒子の存在と似ている。黒子は、一般観客にとっては無意味である。演技の進行上不可欠であるから、直接演技者にとって意味がある。では観客には黒子は見えないか、と言うと、決してそうではない。実際はやはり見える。が、見えても見ない約束である。まともに見るべきではない。ト書きの文章も、まともに読むべき文章ではないのである。

おそらく、日本文章史上初めて、筆者の主体的立場、感情など一切抜きに、ただ意味内容だけ伝えればよい、という文体が成立したのである。それは、日本文と言うよりも、むしろ西欧語の文に似ている、とも言えよう。そしてやがて近代以後、その西欧文をお手本として日本人が作りあげていった近代口語文の先駆け、とも言うべき性格を持っていたのである。

しかし他面で、このドライな文は、まともに表に出せる文ではない、という黒子的性格をも伴っていたのである。

ト書き文体の形成と、その限界

ト書きの動詞・形容詞終止形止めの文体は、やがて芝居の脚本だけでなく、近世末期の洒落《しゃれ》本、滑稽本などの文章にも受け継がれた。ただし受け継がれたとは言っても、まともな文体として受けとめられたのではなく、「黒子」的文体である、という性格も同時に継承されていたようである。

一七九〇（寛政《かんせい》二）年に出た山東京伝《さんとうきょうでん》の洒落本『傾城買《けいせいかい》四十八手』を見てみよう。まずその冒頭である（『日本古典文学全集』小学館による）。

女郎　此春からの突出しにて年は十六なれど大がらにみへ、いたつてうつくしく、下村のおきな香を写すらと付、人がらよくあいきやう顔にこぼれ、髪はしのおにゆひ、百介がくこの匂ひ、心をあぢにさせ、ひぢりめんのどうにて、紫じゆすに金糸と銀糸であら磯をぬひつめたへりをとりし、額むくを着、ゐち川が注文機にて、おほち桐をおつた壁チヨロのひらけぐけをしめたるねまき姿、みす紙をつまにもちそへ、ろうかにて

というような文体で書きつなげていく。終止形による文の切れ目というようなものは明らかでなく、たまに終止形や名詞止めのようなところがあっても、今日の版では読

者の便宜上「。」を打ってはあるが、文末というようなものではない。これが当時の戯作一般のもっともふつうの文体だったのである。

このような地の文に、会話の文が織りまざる。ところが、ここにもト書きがある。カタカナの「ト」で始まって、たとえば、

ムスコ　アイ　トいったばかり、ぬぐ

……

女郎　にくらしいの　トつめりそふにしたが、遠慮して、つめらず、たばこすひ付る。火たちきへがして無し。手をたゝく

のような文では、たいてい動詞、形容詞の終止形で、明らかに文章に区切りがついているのである。

これはもちろん、芝居脚本のト書き文の影響である。脚本と違って地の文の文体は別にあるのだが、会話文のあとのト書きのところだけ、あたかも読者の目の前から一歩退《ひ》いたような、黒子的な文章の部分が作られているのである。

一八〇二（享和《きょうわ》二）年から出た十返舎一九《じっぺんしゃいっく》の『東海道中膝栗毛《とうかいどうちゅうひざくりげ》』でも、このような形式が受けつがれている。会話の文に対する地の文は、ほとんどト書きで、ト書き文

体も多い（『日本古典文学大系』岩波書店による）。

弥次「たはことつくしやアがれ。あの女のつらがふた目とも見られるつらか。いめへましゐやろうめだ　トまつくろになつてはらをたて、ひとつふたつゐひつのりて、弥次郎こらへず、きた八にぶつてかゝる。

……

弥次「なんの事だもすさまじゐ。ふてへやつらだ　ト又いも七にとつてかゝるを、いも七はらをたて、小ぢからのあるにまかせ、弥次郎をねぢふせる。

洒落本、滑稽本におけるこういうト書き中心の地の文と会話文との混合文の形式は、近代の初期までも継承されている。

一八七〇（明治三）年に出た仮名垣魯文《かながきろぶん》の『西洋道中膝栗毛』では、まず書き出しのところは（『明治文学全集』筑摩書房による）、

夫天地者万物の逆旅《たび》。光陰ハ百代の過客《たびうど》なり。而して浮生《ふしやう》ハ夢の若《ごと》し。歓びを為すこと幾何《いくばく》ぞや。古人燭を秉《と》って夜る遊ぶ。良《まこと》に以有《ゆゑ》也と。李白が桃李一編の。宿帳に落書せしハ。所謂一斗の酒興《しゆけう》に似たれど。能乾坤《よくけんこん》の旅情を尽せり然《しか》ハあれども文明開化の当時の旅ハ往古《むかし》に異《かは》りて。万国世界も親類附合。さるからに。陸

にハ蒸気車海河にハ。蒸気船の器械を備へ。……

と、少し気取った書き出しでも、たちまち戯作調のリズムに乗った切れ目のない文体になるのである。ところが、本文に入ると、会話とト書きのあの文体が現われてくる。

北「ばかいゝなさんなお寺じやアあるめへし　トくだらぬことヲしやべりながら吉田ばしの関門をうちすぎ入ふね町より駒かた通りヲ右へまがり太田まち三丁目なる佐のやといへる料理やの門にいたる

ここでも、ト書きの部分は小字で、そのうちの多くは、あの動詞、形容詞の終止形止めのト書き文体である。

こうして歌舞伎の脚本に始まるト書き文体は、近代初期にまで至る戯作の作品の一部に受け継がれた。動詞・形容詞の終止形止めの文体は、その限りで形成され、確立されていた、と言ってもよい。

しかし、ここで注目すべきことは、この系譜の中で、この文体は、まともな日本文の資格を与えられていないかのようであった、ということである。小字で書かれていたのはその表われであって、脚本においてト書きが他の本文と違った扱いを受けていたように、以後、ふつうの文章と混用されるようになっても、他の本文とは別の、一段と低い扱いを受けていたようであった。

『和蘭字彙』における動詞文

動詞終止形止めの文体は、近世において、日本文で確かに作られた。それは、近代の初期頃まで継承された。が、この系譜を直接たどって見た限りでは、その延長線上に、遂にまともな日本文を作り出してはいなかった、と言わざるをえないのである。一九〇〇年代における漱石や三重吉のあの動詞止めの文体は、こう考えてくると、日本文体史における脚本のト書きから戯作の地の文への系譜を直接継承している、とは言えないであろう。影響を与えていることはあっても、それは直接ではない。

動詞止めの文体は、近世から近代以後、これとは別の系譜で作られ、むしろそちらの方を直接受け継いでいる、と考えられるのである。それは、蘭学から英学へとたどった日本文への翻訳の場の出来事である。

「である」の起原でもとりあげたあの『和蘭字彙』を見てみよう。この辞書は、近世に日本で作られた蘭和の辞書ではもっとも部厚く、引用例が多くて説明も詳しい。近代に近い時代ということもあって、維新以後の英学における翻訳に与えた影響も大きい。そこに、たとえば次のように書かれている。

Hij gelieft haar zeer.

彼ハ彼女ヲ甚愛スル。

すなわち、動詞の終止形止めの文である。この「愛スル」という訳語は、原文の二番目の gelieft という述語動詞に対応している。そして、この一行前には、gelieven という動詞の不定詞が書いてあって、その訳語は「愛スル」となっている。

つまり英語で言えば、love という動詞の訳語が「愛スル」で、He loves her very much. の和訳が「彼ハ彼女ヲハナハダ愛スル。」となっているようなものである。ちょっと直訳調だが、今日学校の英語の時間の答えなどでは、よく聞かれるような訳文であろう。

ここで、日本語訳文の「愛スル」という動詞終止形の文末語は、どうして使われているのかを考えてみよう。

「彼ハ彼女ヲ甚愛スル。」という文で、「愛スル」は述語である。述語は、日本文では、文の終りの方にくるのが原則である。一方、オランダ語や英語では、文では、まず主語がきて、その次に述語がくるのが原則である。翻訳では、母国語の文の根本構造まで変えることはできないから、原文の二番目の述語動詞を、日本文では終りの方にもってくる。

ところで、日本文では、文の終りの述語の部分は、動詞のままで終るのは少ない。とくに動作を表わす動詞の場合は、すでに述べたように、その後に、助動詞や助詞などがつく方が多い。書き言葉の文なら助動詞、話し言葉の文なら、助動詞や終助詞、接続助詞などがつき、それが文末になる。それが原則である。

そうすると、どうしてこの例文では、助動詞抜きに、動詞で終えてしまっているのだろうか。

それは、原文の方の述語が、現在形の場合には、助動詞など余分な言葉をつけ加えて訳する必要のない動詞ではないか、と考えられたからであろう。現在形の動詞が動詞そのもののもとの形に近い、と考えられたからであろう、と私は考える。

たとえば、He loves という形における loves は、He loved や、He has loved よりも、love というもとの形に近い、と考えられたのである。He loves では、まだ love に s がついているが、I love とか You love という場合には、これはもう love の原形そのままである。

つまり、現在形が、英語の原形、オランダ語における不定形 infinitief と同じように扱われたのである。前例で言えば、Hij gelieft haar zeer. における gelieft が、不定形で辞書の項目に掲げられている gelieven と同じように扱われた、そしてこの gelieven の訳語は、辞書の項目としての動詞の訳語には、日本語動詞の終止形を宛てる習慣によって、「愛スル」であるから、文の中に使われている gelieft に対しても、「愛スル」という動詞だけを宛てればよい、そうして、この言葉は文末にくることになるから、終止形の「愛スル」となった、と考えられるのである。

ところで、改めて『和蘭字彙』をずっと見てみると、例文中で、原文の述語動詞の現在形が、動詞終止形止めの形で訳されている場合はむしろ少ないのである。たまに見つかるくらいである。大部分の現在形の訳は、「我ハ其人ヲ能ク知テ居ル」のように、「テ居ル」、「居ル」、「テアル」、「テオル」、あるいは打消し形ならば「ズニアル」のように終っている。つまり、動詞のむき出しのままで終えず、このような助動詞、あるいは準助動詞で文末としている場合がずっと多いのである。

しかし、少数例ではあっても、動詞の現在形を、原形、あるいは不定形と同じように扱うというこのやり方は、やがて近代以後の英学に受け継がれた。受け継がれて、しだいにもっとはっきりと使われるようになっていくのである。

英学における現在形の翻訳

西欧語の現在形を、原形と同じように扱う、と言っても、それは結果としてそうだ、ということであって、そもそも私たちの日本語の動詞には、原形も現在形もなかったのである。ところが、オランダ語でも英語でも、およそ動詞は、原形とか不定形という形があって、それとは別に、現在形、過去形、過去分詞形と、三形に語形変化をする。中学校の英語の時間以来、おそらく誰でもおなじみの、write wrote written などである。

かつて翻訳者たちは、この過去形に対しては「し」とか「た」という助動詞を、動詞の後につけ加える、という形で解決した。現在形に対しては、「テ居ル」などをつけ加える、というのが『和蘭字彙』でも大体の原則だった。そしてそれともうひとつ、何もつけ加えない動詞のまま、という解決法も行なわれた。この、何もつけ加えない、というのが、現在形であり、同時に原形、または不定形であったわけである。

時代を進めて、英学の時代を見てみよう。一八八九（明治二十二）年に出た平井参《ひらいさん》訳、『スキントン氏第三リードル独案内』という英語の独習書を見てみよう。当時、英学は盛んで、今日のように学校の数も多くはなかったから、向学心の強い青年たちは、このような独習書で熱心に学んだのである。英学の中心は、今日と同じように、英文和訳であった。つまり、いかに英語を日本語に置き換えるかが、もっとも重要なことであった、と思われる。その置き換え方はこうであった。

The《ズィー》 story《ストリー》 of《オフ》 Regulus《レギュラス》 shows《ショース》 how《ハウ》 a Roman《ローマン》 could《クード》 die《ダイ》 rather《ラザー》 than《ザン》 break《ブレーク》 a《エー》 promise《プロミッス》.

3話ハ 2ノ 1—— 12顕ハス 4如何ニ 5羅馬人ガ 11能ヒシカヲ 10死シ 9寧ロ 8ヨリハ 7破ル 6約束ヲ

つまり、原文の一語ごとに日本語を宛てはめ、次にその順序を引っくり返し、引っくり返すと同時に送りがなをつけて、日本文の構文に組み立てる、というやり方である。ここで shows という原文の述語動詞に、「顕ハス」という動詞終止形が宛てられていることに注意しておこう。

今、これを番号順に並べ換えて読みつなげてみよう。

レギュラスノ話ハ如何ニ羅馬人ガ約束ヲ破ルヨリハ寧ロ死シ能ヒシカヲ顕ハス

ここであの動詞文ができ上がるわけである。

これは、当時の英文和訳を説いた教科書のやり方の典型であって、原文の述語動詞の現在形を、日本語の動詞終止形で宛てるというのは、ほぼ確立された方法だったのである。

このことは、他方で、過去形の場合には、当時ふつうに使われていた文語調の書き言葉の「シ」を動詞の後につける、という方法と対応していた。たとえば同じ書物のやや後の所では、

Regulus《レギュラス》 kept《ケプト》 his《ヒズ》 word《ウァード》. He《ヒー》 returned《レターンド》 to《ツー》 his《ヒズ》 enemies《エネミース》 with《ウイズ》 their《ゼーア》 answer《アンスウアー》.
1——ハ　4保チシ　2彼ノ　3約束ヲ　1彼ハ　8戻リシ　7迄　5彼ノ　6敵ニ　4以テ　2彼等ノ　3答ヲ

という一節があり、これもまた読みつなげてみると、

レギュラスハ彼ノ約束ヲ保チシ　彼ハ彼等ノ答ヲ以テ彼ノ敵ニ迄戻リシ

となる。日本訳が「保チシ」、「戻リシ」と、動詞プラス「シ」で終っているのは、もちろん原文の述語動詞が、kept returned と過去形になっているためである。

英学では、かつての蘭学と違って、とくに述語動詞の現在形に、日本語では助動詞のつかない動詞を宛て、その終止形で終える、という形がはっきりしていたのである。

このことは、文法上から考えると、英語の動詞の現在形は、その原形との区別が乏しい、ということが考えられる。オランダ語では、ドイツ語と似ていて、動詞の不定形は、一人称、二人称、三人称、そしてそのそれぞれの単数、複数に従って変化する。現在形も過去形もそうである。まあ、現在形の方が過去形より変化は小さいが、それでも原則として、動詞が辞書の項目として載っている形の不定形と、文の中でのその現在形とは形が違う。ところが英語では、be動詞、have 動詞を除けば現在形の語形変化は、三人称単数の s だけである。つまり、動詞が単独で辞書の項目に載っているような原形と、その現在形とは、全く同じか、ごく僅かの違いという場合がほとんどである。

過去形の場合には、原形との違いはたいてい明白である。和訳の上でも、何らかの過去のしるしをつけざるをえない。これに対して現在形では、何もしるしをつけない、ということで、かえって時称の特徴をはっきり区別して示すこともできるわけであった。

とにかく、これで、当時における英文和訳上の必要な約束は成立していたのであった。

約束としての現在表現

こうして、英語の述語動詞現在形の受けとめ方は、近代初期の勉強方法では、ほぼ成立していた。

しかし、これはそのまま完成されて、公表できるような翻訳文であったわけではなかった。

当時の翻訳方法では、こうした一定の約束に基づく直訳と、それからさらにこなれた日本語の文語体に変える意訳との、はっきりとした二本立ての翻訳であった。当時の公表された翻訳文は、この後の段階を経た文体である。それは、英語の教授法、学習法でも同じで、たとえば当時の英語独習書には、「何々読本直訳講義」というような書名が多い。これは直訳と講義との二本立てである、という意味で、講義の部分が、今日言う意訳なのである。

今、そのような教科書の一つで、前例と同じ文章について説いた部分を見てみよう。一八九二(明治二十五)年に出た河田《かわだ》清彦《きよひこ》訳の『斯因敦《スイントン》氏第三読本直訳講義』である。前出の現在形の用例に当る部分である。

まず直訳の部分、

レギュラスノ話ガ如何ニ羅馬人ガ約束ヲ破ルヨリハ寧ロ死シ能ヒシカヲ示ス。

shows の訳語は、ここでは「示ス」であるが、やはり動詞終止形の文末になっている。

次に、これをもとにして書いた講義で、同じ部分の訳を見てみよう。

レギュラスノ事蹟ヲ読マバ羅馬人ノ其契約ヲ破ランヨリハ寧ロ一命ヲ棄ツベシト覚悟シタル詳細ヲ知得ベケム。

ここで、原文の shows、直訳の「示ス」に相当する言葉は、「知得ベケム」であろう。「知得ベケム」では、その動作の主格も変わっているのだが、ここで重要なのは、

「べけむ」と助動詞が後につき、その終止形で文末としているところである。直訳と違って、講義はまともな日本文でなければならない。日本文の伝統的な語感は、この文章のような漢文脈系の文体でも、動詞終止形止め文をなかなか受け付けなかったのである。逆に言えば、直訳で盛んに使われている動詞文は、英語を学ぶ教師や学生の間だけで、教室や勉強部屋の中だけで通用すべき言葉使いとして使用されていたわけであった。

ところで、明治初期の頃におけるこのような二本立ての翻訳方法は、その後しだいに直訳と意訳との距離を縮めて行く方向をたどった。日本における翻訳は、基本的には常に二段階の、二本立てなのである。それは今日でも変わりはない。しかし、明確な、意識的な二段階の翻訳方法は、その後しだいに退いて行った。

それは、一つには、直訳文じたいが変わって行ったことである。一八八八（明治二十一）年に出た二葉亭四迷の『あひびき』以後、小説の文章を中心に、文語文は少しずついわゆる近代口語文に変わって行った。そのような時代の流れの中で、学習の場における翻訳文もその影響を受けるようになった。たとえば、述語動詞の過去形も、文語の「シ」に代わって「タ」が使われることが多くなった。

そしてもう一つ、直訳に対する意訳の、書き言葉の日本文の方も変わった。一口に言えば、多分に翻訳調を取り入れた書き言葉文が一般化して行った。

一八九七（明治三十）年の頃以後になると、学習書では、かつての「何々読本直訳講義」といった二段階式の英文和訳教科書はぐっと少なくなる。直訳的な訳文だけ、または意訳的な訳文だけの教え方になり、一見すると二段階式翻訳は一段階式に変わったのか、とさえ思われるくらいである。

他方、『あひびき』以来、近代口語文形成の先頭を切ってきた小説翻訳文では、この頃から口語文体が目立って多くなる。およそ明治三十年の頃を境にして、量的に、文語文体よりも口語文体の翻訳文の方が多くなるように思われる。そして、その翻訳文の中で、原文の述語動詞の現在形を、動詞終止形で受けとめる例が多くなるのである。

漱石の「現在形」文体

漱石のあの動詞止め文体は、このような背景の中から形成された、と私は考える。当時の熱心な英語学習者は、いや、それは今日でもそれほど変りはないのだが、動詞終止形止めを現在形として扱う約束に習熟していったに違いない。漱石は英語教師だった。とりわけ英語教師は、学生たちの前で、現在形と約束された動詞文を自ら何度もくり返したであろう。

漱石の『吾輩は猫である』における動詞文は、現在形のつもりで使われていたのだと私は考えるのである。

もう一度、始めに引用した漱石の文をふり返ってみよう。

この書生の手のひらのうちでしばらくよい心持ちにすわっておったが、しばらくすると非常な速力で運転し始めた。書生が動くのか自分だけが動くのかわからないがむやみに目が回る。胸が悪くなる。到底助からないと思っていると、どさりと音がして目から火が出た。

この「目が回る」、「胸が悪くなる」の表現について、この節の始めの方で、私は、その動作が目の前で起っているような印象をひき起すであろう、と言い、また、現在形かな、と思われる面もあるが、どうもすっきりしない、とも述べた。長々と動詞止め文の歴史的背景をふり返り、考察してきた今、この漱石の表現についてて、ここで私の答えを述べることができると思う。

漱石は、このような文体を現在形のつもりで使っている。そして一読して、現在形のような印象を受ける。しかし、これは、本質的に現在形というような時称表現なのではない、と言った方がよい。

まず、この直前に、「非常な速力で運転し始めた。」という一文がある。このあたりの文章は猫の回想であるが、この「運転し始めた」の「た」は過去形ではない。完了である。詳しい説明はここでは省略するが、日本語には現在形もなく、また過去形もない、と私は考えている。現在形とか過去形とかは、動詞の時称変化を文法形式として持っている西欧語での話である。この「た」によって、「非常な速力で運転し始めた」という、すでに完了し、完了したばかりの情景の準備ができる。次いで、「目が回る」「胸が悪くなる」という、語り手の主体的立場の表現である助動詞抜きの、動作の事実がむき出しで投げ出される。

それは、「時」で言えば、過去よりも、未来よりも、現在と言うのがふさわしい、そしてこの場合、とりわけ英文和訳を学んだ人々にとって動詞止め文、すなわち現在形という約束は生きているであろう。この動詞文で、感情が関与している余裕がないかのような、情景そのものが展開していく。この効果のためには、同じような終止形表現をたたみかけるようにくり返すともっと効果的である。漱石の用例の多くは確かにそうなっている。

そしてその後、「目から火が出た」と続く文で、ふたたび筆者の情景に対する主体的態度が示される。このことによって、先行する動作そのものを語る文は、作者の具体的経験の世界のうちに位置づけられる、というわけである。

つまり、動詞止め文だけでは、いかに現在形の約束があると言っても、基本的には単なる事実あるいは意味内容を示しているだけであって、日本文の性格上、これでは具体的経験の表現にはならない。この場合、「た」と「た」の二つの前後の文のおかげで、動詞文は、語り手の具体的経験の中に位置づけられるわけである。

漱石の動詞文の多くは、基本的に同じような形を持っている。つまり二回か三回、またそれ以上くり返され、その前または後、あるいは前後双方に、「た」、「である」、「ている」などを伴う、という場合が多い。動詞文は、その「た」、「である」、「ている」などのおかげで具体性を保証されているのである。

したがって、動詞文だけが使われている場合には、こういう具体性に欠けるわけである。たとえば三重吉の動詞終止形をもっぱら中心とする文を読むと、読者はどこか不安定な、とまどいのようなものを感じるのではないか。これも始めに引用した文の終りの方。

その三人ともみんな留守だと手を振る。頤《あご》で奥を指して手枕をするのは何のことか解らない。藁《わら》でたばねた髪の解《ほつ》れは、かき上げてもすぐ顔に垂れ下がる。

段落はここで切れているのだが、とくに動詞止めを重ねてきて、段落の終りまでこの形で止められると、語られてきた情景がどこにおさまってよいのか分らぬような、中途半端な語感が残るのではないか。

こうして、動詞止め文は、日本語の中では、それだけでは現在の時を表現しているのではない。いや、現在も過去も、そして未来でさえも、およそ時称を表現していない、と私は考える。孤立した動詞止め文は、文末の「陳述」を欠き、したがって語り手の具体的経験の表現に欠けた、ただ動作の事実のみを表わす文である。具体性に欠けた事実とは、事実と言うよりも抽象的観念と言うのがふさわしい。日本語の文章にとってそうなのである。

動作を表わす動詞は、未来、または一般的、習慣的動作を示す、という文法学者のうちで有力な意見は、以上の私の考え方から、こう考えられる。つまり、具体性を欠いた抽象的観念的に語られた事実は、一般的、習慣的動作を表わす、ということは理にかなっているのだが、なぜそれが未来を表わす、ということになるのか。たとえば、相撲の実況放送で、「時間いっぱい、さあ、立ち上がる。」と言えば、そのときアナウンサーは、「立ち上がる」ということの観念を頭の中に描いている。

それは今まで何回となく見てきた「立ち上がる」という事実から抽象されてできている。それはやがて実現するであろう。実際立ち上がれば、「立ち上がった。」という具体的表現になるのだが、その以前である。だから未来の表現、と受けとることもできるわけである。未来の表現ともとれるが、基本的には未来時というような「時」を表わしているのではない、と私は考えるのである。

こうして、漱石の動詞文は、大きく見れば、動作の事実をそのまま語るあのト書き文を受け継いでいる。しかしト書き文は、ほとんどト書きの形で使われたし、また、まともな日本文の資格も乏しかった。この動詞止め文を、ト書き形式以外にも使わせ、かつ正面切ったまともな文の一つとして用いさせたのは、他方で、翻訳文という新しい文体の出現であった。

言い換えるならば、日本文は、西欧語における現在形表現とかつて出会い、欧文和訳上の約束事として、それまでにあった文体を活用、変化させて新しい文体を作り出し、やがて漱石は、意識的にこれを日本語における現在形表現として盛んに使用した。それは、欧文和訳上の「現在形」であるという約束にも支えられながら、実際上、現在形に近い機能を果たすことになった。ただし、一定の文体上の条件のもとで、書き言葉に限ってのことであった。

結果として、文法上の現在形が作られた、ということは難しい。将来、あるいは作られていくかも知れない。が、今までのところでは、「現在形」的文体が作られたのだ、と言うのがふさわしいであろう。

第五章　日本文をどう書くか

難しそうな言葉を警戒する

文字と言葉とは別だ

漢字というのは便利なものである。とくに、難しい意味の内容を、短く、少ない言葉で表現するのが特徴である。たとえば難しい書物の表題というのは、だいたい漢字ばかりで、『精鋭英文法汎論《はんろん》』とか、『権威主義的国家』とか、もしこれをかなだけで言い表わそうとしたら、たいへん長くなって不便である。

難しい、複雑な意味内容を、簡潔に表現できること、これが漢字の第一の長所であろう。しかし、その欠点も、すぐその裏側にある、と思う。つまり、短い言葉のうちに、豊かな意味がすべてこめられている、と思い込むこと、である。たとえば「電子計算機」という言葉がある。コンピューターとも言うが、コンピューターよりも、電子計算機と漢字で言うと、何となくその意味が分りそうな気がする。そればかりでなく、この文字の成語である言葉の中に、いろいろと難しい大事な意味がいっぱいつまっているような気がするのである。

これが、私たちにとって、よく躓《つまず》きの石になる、と思う。第一に、漢字からその意味が分りそうな気がする、ということ。第二に、漢字の言葉じたいのうちに、意味がいっぱい入っていそうな気がするということ、まずこの第一のところから考えよう。

たとえば電子計算機は「計算機」とは言うが、その計算は、私たちがふつう学校で習っている計算とはずい分違っている。それから、「電子」の計算ということだが、電子というものが、どんな仕組みで計算機を動かしているのか、そういうことが分っている人はごく少数のはずである。要するに、電子計算機という漢字から推察して、私たちは何となくその意味が分りそうな気がするけれど、実はこの言葉だけからでは、ほとんど何も分りはしないのである。その点は、「コンピューター」といっても、符号でE・Cと言っても、ほとんど同じようなものなのである。

このことは、とくに漢字表現の特徴なのである。コンピューターと、いわゆる外来語で言ったり、E・Cと符号で言ったのでは、何となく分りそうな気は起らない。漢字は、私たち日本人が、千数百年もの間、いっしょに生活してきたのである。漢字は、かなと併存して使われつつ、難しい意味表現の方を引き受けてきた。小学校以来、私たちはそのことを知っている。「電」も、「子」も、「計」も、「算」も、「機」も、すでに習って知っている字ではないか、それぞれ、かなり難しいけれど分っている。だから、それらからできた「電子計算機」は、わかるはずの意味の言葉ではないか、と思い込むわけである。

同じような種類の漢字の言葉はいっぱいある。だいたい、私たちの学問、思想上の基本的な用語はすべてそうである、と言ってもよい。

では、そのような用語を、学問・思想の専門家が、その専門の文章上で使う場合はどうか。その場合にも、大いに問題はある、と私は考えている。それは日本の学問・思想の特異な性格を作り出してさえいる、と考えている。が、ここでは一応、専門家の場合は除いて、専門外の一般の人々が、専門用語の漢字の言葉を使う場合を考えよう。

専門用語を、専門外の人々が使う場合でとくに目立つのは、哲学や社会科学用語であろう。たとえば、観念、実存、状況、構造、体制、危機、近代、等々である。つまり近代以後に出現した西欧語からの翻訳語なのである。専門用語として造語されたものが多いが、すでに使われていた言葉を、改めて専門家が定義して使っているのもある。こういう言葉を私たちは一見して、難しそうな言葉とは思うだろうが、分らないとは思わないであろう。少なくとも、分るはずだ、と思う。つまり、こういう種類の漢字の言葉は、一方で難しい、高級な意味をいっぱいつめこんでいるはずであって、他方では、私たちが一見して分るはずの言葉なのである。そこで、たとえば文章を書くとき、つい使ってみたくなるわけである。

こういう種類の言葉は、たいていまず漢字二字でできている。なぜ二字か、というと、簡単な理屈なのだが、一字一字では、その意味は伝統的に定まっていて、新しい意味を担わせるのは難しい。二字という最小限の組み合せで、一字一字の場合と一見似た意味のつながりを利用して、ほとんど全くと言っていいほど異なる新しい意味を作り出すことができるからなのだ。たとえば、「電」とは、もと雷というような意味で、「子」は小さいもののことである。ところが、「電子」となると、「電」や「子」と一見似ているが、似ても似つかぬ別もの、と言った方がよい。「実存」に対する「実」と「存」、「社会」に対する「社」と「会」など、同じような関係である。

世間では往々、漢字でできた翻訳語を、うまい翻訳語とか、そうでないとか評することがあるが、私の立場では、漢字で造語された翻訳語は、もとの一字一字の漢字とは意味が切れている別の言葉だ、と扱った方がよい、と思う。たとえば、society の翻訳語は、「社会」でなくても、「会社」でも、「社中」でも、「会所」でもよかった。そのどれがうまい翻訳語か、ということは、ほとんど意味をなさないので、要するに、

「社」や「会」や「中」や「所」とは全くと言ってよいほど異なるもう一つの意味である。その異質の意味を表わす必要で使われることになったのである。

語感の鈍い言葉・翻訳語

難しそうな漢字の言葉を警戒せよ、と私が言うのは、こういう西欧語の翻訳語として作られた歴史の浅い言葉のことである。百年そこその歴史の言葉は、母国語と言うよりも、多分に人工語だ。

もちろん、今日私たちは、こういう種類の言葉なしでは、文章を書くことさえできないだろうし、現に私じしん、盛んに使っている。また、日本語は、有史以来、先進文明国からの舶来語を受けいれつつ自らの言葉を育ててきた。だから、私は使うな、とは決して言わない。その基本的な性格を心得て警戒しつつ使え、と言いたいのである。

およそ言葉の意味は、孤立した一語の中にすべてあるのではない。まして一語をさらに分解した文字の中にあるのではない。

私たちがある言葉の意味を知っている、というのは、その言葉が、他のどういう言葉と、どんな関係で結びついて使われるか、を知っている限りで知っているのだ。つまり、意味の第一は、文脈上の意味である。

このことは、とくに私たちの国の漢字の言葉について強調して言わなければならない。たとえば、society の意味を考えるのに、ラテン語の societas にさかのぼって考えるのは無意味でない。西欧語では、専門用語と日常語、書き言葉と話し言葉、近代諸語と古典語との間に一貫した関係があるからである。ところが、日本語における漢字はそうではない。漢字とは、かなと対立して外来の言葉を受け入れつつ、受け入れるために発達してきた言葉であるし、近代の頃以後、とりわけその性格が盛んに利用されたからである。「社会」の意味を考えるのに、中国古典における先例や、「社」とか「会」とかの語源を探るのは、ほとんど意味がない。

これに対して、似たような言葉で、上代以来、仏教用語として日本に入って使われてきた言葉に、「世間」というのがある。漢字の言葉ではあるが、これは千年以上の日本語としての歴史がある。たとえば「世間」とは何か、というように、孤立した一語としての意味を尋ねるならば、その答えは「社会」について尋ねた場合とそれほど違いはないかも知れない。しかし、この言葉は、私たちの日常の日本語の中で、文脈上の意味を豊かに持っているのである。

「渡る世間に鬼はない」とか、「世間様に申し訳ない」とか、「世間体《てい》が悪い」とか、

「世間知らず」とか、こうした多数の成句、慣用句などから、「世間」の意味は誰でも自《おの》ずと心得ている。それは、「世間」という言葉の使用者が知っている意味と言うより、「世間」という言葉の方が心得ていて、その使用者に教えてくれるような意味であろう。言葉の歴史や生命は、個々の人間よりもはるかに長いのである。言葉は、その使用者が知って意識している以上の意味を、自ずと心得ている。人が知っているのは、その一部にすぎない。使用者が知っている以上の意味は、いざ使用してみたときの、ほとんど無意識的な、感覚が教えてくれる。語感である。そして、歴史の古い言葉は、この語感が豊かなのであり、逆に新造語は、何よりもこの語感に乏しい。豊かな語感の言葉は、たとえ使用者がその用法を誤ろうとしても、微妙なズレの語感で、その誤りをチェックしてくれるのである。

たとえば「存在」という哲学用語がある。存在論は、哲学の一つの重要な分野である。中でも人間の存在、一人称の私の存在というのが大事なテーマであるが、この哲学では、物が存在するのも、人や私が存在するのも区別せずに「存在する」と言う。しかも、「存在する」というのは「ある」と訓読するので、「人がある」、「私がある」などと言って考える。存在論の古典的命題、デカルトの有名な文句は「私は考える、だから私はある」などと訳されている。高校の教科書でさえそうなっている。

これはおかしいのである。日本語の正当な用法では、物はある、で、人はいる、私はいる、と区別する。ところが「私はある」ことについて考えていたのでは、日本語で考えたことにはならない。それでは、人や私を、物なみに扱って考えていることになってしまう。哲学者の言う「私はある」という変な日本語は、「私は存在する」という翻訳日本語をもとにして、それをもう一度日常の日本語に翻訳した結果である。

要するに、「存在」という語感の鈍い翻訳語は、日本語にとって大事な「ある」と「いる」との区別をとらえられず、「私は存在する」→「私はある」という誤りをチェックできなかったのである。

難しそうな漢字の言葉、つまり歴史の浅い翻訳語を警戒したい、と思う。難しそうな、高級そうな表現だからといって、ごま化されないようにしよう。自らも、人をごま化さないようにしたい。できる限り、くだけた日常語の言葉を使おう。

言葉の魔術・カセット効果

さて、漢字の言葉には、もう一つの危険な誘惑がある。それは、一つ一つの文字によるのではなくて、「電子」とか「社会」とか「存在」とかが、まとまった一語として私たちに働きかけてくる効果である。それは魔術的な効果と似ている。意味はよく分らない。が、分らないことのために、かえって人がそこに惹《ひ》きつけられるような働きである。たとえば「これは電子のロックです。」と宣伝文句などで言われると、これはもう確実なロックなんだろうな、とつい思うのである。電子のロックとはどんな働きをするものなのか、そういう仕組みを知らない人ほど、この言葉の魔法にひっかかる。またたとえば、「それは我々の社会的責任だ」と言われると、もうちょっと反論できない、というような気分になる。また、「私がいる」ということについて考える、と言う代りに、「私の存在」について考える、と言うと、とてつもなく深遠で、手の届かない世界のことだ、とつい思うのである。

このような言葉の魔術を、私はカセット効果と名づけている。カセット cassette とは、フランス語で、case の小さなもの、小箱という意味で、宝石箱などを指して使われる。テープレコーダーのカセットテープも、同じ意味からきている。

小さな宝石箱は、一見すると、中に何が入っているのか分らない。が、見事な宝石箱であるから、おそらくとても貴重なものが入っているであろう、とつい思う。中身を知る以前に、外側からの思い込みで惹きつけられるような効果である。

そして、およそ言葉というものは、その初め、その中身、つまり意味とか機能のために大事にされた、というよりも、おそらく言葉があるということ、それじたいが人を惹きつけたために大事にされたのではないか、と私は考える。大事にされたために、そこにやがて意味が生じ、ものの役にも立つようになってくる。呪術《じゅじゅつ》の言葉というのは、その典型的な現われではないか。

文字が外国から初めてやってきたときの現われは、この見方からするとよく分るように思う。たとえば、日本の上代以前の時代に使われた剣や鏡などが出土すると、漢字の文字が刻まれていることが多い。とにかく、文字が貴重であるとされ、したがって支配者に独占されたのである。そういう文字を書いた人じしん、文字の意味などあまりよく知っていなかった、ということは、鏡文字といって、左右が反対になっている書き方があることでも知られる。また、戦国時代の武将が、サンスクリットの一字の文字を書いた衣を身につけて出陣した、というような例もそうであろう。

このカセット効果は、おそらく言葉体験の初期に著しいことであろうと思う。翻訳語を初めて習い憶《おぼ》える人々、若く、知的好奇心も盛んな人々が惹きつけられがちの効果であろう。若く、しかも知的に優れた人々の文章によく見られる生硬《せいこう》な言葉使いがそうである。「社会」や「存在」や「体制」や「構造」は、とにかく使ってみたい気を起させる言葉であり、不必要に使われがちの言葉なのである。

言葉のこういう効果は、まとまった一語としての効果であるから、漢字の言葉に限らない。日本語の歴史で、漢字は舶来の新語、新造語の役割を与えられてきた、ということはあるわけだが、今日では、その役割は、カタカナで表わされるいわゆる外来語も分担している。たとえば若者たち向けの新しい電気製品や、化粧品などの広告の文句には、カタカナの言葉がたくさん使われている。そして、こういう文句にはたいていの読者が、読んですぐには分らないだろうと思われる言葉が、その中にきっとまじっている。分らないようなカタカナがむしろ重要なのであり、広告文句の製作者たちも、そういう事情をよく心得ている。

こういう広告文句の読者たちは、当然その文章の中で、この種類の言葉を使いがちな傾向を持っているのである。

難しそうな漢字やカタカナの言葉を警戒せよ、というのは、この場合には、そのような言葉に惹かれがちの、文章の書き手としての自分自身を警戒せよ、ということなのである。

ところで、ここでもし冷静に日本語の歴史を眺め渡し、その特質を考えてみるならば、私がここで言うカセット効果は、必ずしもマイナスとは思わない。それは、意味はよく分らなくても、とにかく新しい魅力的なものを取り入れようという積極的な態度を誘い出している。日本文化における外向的な、革新的な傾向の、言葉における表現であり、あるいはその根拠であるとも考えられる。

若い人たちの文章によく見られる生硬な、未消化な言葉の乱用は、こういう背景から見れば、あるいは止むを得ないこと、ある必然的なこと、なのかも知れない。

しかし、文章は、少数の同世代の人たちだけのために書かれるものではない。そして、言葉が文字に書かれるということは、時間に耐えて残されるためである。多数の人々のための、後の世に残されるための文章は、やはり文章の正道であり、その意味で、正当な文章とは、本質的に保守的なものなのである。

言葉感覚に欠けた言葉

言葉感覚の必要

日本語感覚とは、あまり聞かない言葉である。およそ、言葉について、感覚ということは、どうも正面切っては問題にされないようである。しかし、事実として、言葉にとって感覚は、とても大事である、と思われる。たとえば語感、という言葉がある。人名をつけるとき、また、ものに名をつけるとき、語感がいいとか、悪いとかいう。文章についても、とくに詩や小説では、語感が大事にされている。これに対して、学問的な文章、論文などでは、語感とか言葉感覚とかは、まず問題にされないのがふつうであろう。

これはどうもおかしいのではないか、と私は思う。改めて問題にするまでもなく、事実として語感に気を使いながら論文が書かれている、というなら別である。が、とくに日本における固い文章についてはそうではない。語感無視の言葉が堂々とテクニカル・タームとなり、言葉感覚の欠けた論文が横行している。しかも、語感など、学問・思想にとって末の端の問題だ、と、たとえ明言しなくとも、暗黙の了解となっているようである。

学問・思想といえども、たいていは、言葉によって考えるのである。数学など、言葉以外の記号を使う場合は一応別として、対象を言葉によってとらえ、定義づける。そして、とらえられた言葉を組み立てることによって、これに対応する客観的な対象の世界を構築していくのである。対象を言葉によってとらえる、とは、名を与えること、テクニカル・タームをつくることであり、こうしてとらえられた言葉を組み立てるとは、すなわち論文などを書くことに外ならない。

およそ言葉を選び、文を組み立てるとき、私たちは文法や論理に従うわけだが、それだけでつくすことはできない。なぜこの言葉使いであって他の言葉使いでないのか、ということは、つきつめると、結局、感覚としか言いようのないところに行くであろう。あるいは、そういう感覚の欠如した文になっているか、である。それは、言葉が、なぜこの言葉であり、文法がなぜこの文法であるのか、という問題である。ここで感覚という意味を広くとると、生成文法学者の言う文法的 grammatical ということとほぼ重なり合うであろう。いわば、感覚が窮極的には文法を支配しているのである。

ところで、感覚とは、感覚する主体があり、感覚の対象、客体がある。感覚とは、主体・客体の存在を前提とする言葉である。ものごとを、主体・客体に二分し、両者を対比させて考えて行く態度が、その基本にある。これはもちろん西欧舶来の考え方であって、感覚とは、sense とか sensation の翻訳語なのである。

言葉感覚とか、語感とは、言葉、語についての感覚、というような意味であろう。つまり、言葉を対象化して、それを感覚する、というような事情が前提とされている。これは、考えてみるとちょっとおかしなことである。あるいは異常なことである。人はふだん言葉を使いこなしているとき、言葉じたいを改めて対象化し、感覚したりしない。そういうことがあるとすれば、それは、慣れない言葉に直面したときであろう。新しい言葉や言葉使いにぶつかったり、自分がこれを敢《あ》えて使っていこうとするときであろう。ふつうの人間の言葉生活の中で、これはそれほどあることではない。

言葉について、改めて感覚が問題にされるとき、あるいは問題であるとするとき、その言葉は、常でない、いわば異常な状態にあるのである。

言葉感覚と日本語感覚のずれ

言葉感覚が問題にされるとき、というと、たとえば言葉の乱れ、乱れた言葉の流行、というような現象がある。乱れた言葉の流行が盛んになれば、他方で、伝統的な、規範的な国語意識を持った人々から批判が起る。乱用とか乱れ、というのは、このような立場からの言葉である。そして、乱れているのは、文法であるとともに感覚である、とされるようである。そういう言葉使いは文法的に正しくない、と言われるし、また伝統的な言葉の美しさに欠ける、というように、感覚としても批判される。

しかし、一般に言う言葉の乱れ、という現象は、言葉感覚の問題ではあっても、とくに日本語感覚の問題ではないように思われる。たとえば、「イカす」という言い方が一時期大いに流行した。イカすとは、確かに伝統的な日本語の文法から外れ、また語感にも反している。が、イカすは、おそらく、イケる、キカす、イナす、など伝統的言葉使いとの連想の上に成り立っているので、その限りでは伝統的な語感は生きている。その語感の上に、多少これをずらしてできたのである。イカすという言葉を使う人は、一方で伝統的な語感と、また他方でそのずれとを同時に感得している。その一致とずれとの微妙なかね合いに、もう一つの新しい言葉感覚が生じ、人々を惹きつけているのである。この、語感のずれの部分に注目すれば、言葉の乱れであるが、他方、伝統的語感を継承している部分も見逃してはならないであろう。

だから、一般に言われる言葉の乱れは、それが盛んに使われ、流行語となるような乱れであれば、大きな視点から見れば、やはり伝統的言葉感覚を受け継ぎ、その中での乱れなのである。つまり、言葉感覚の乱れはあっても、日本語感覚までは乱れていない、と言うことができる、と思うのである。

では、私たちにとって日本語感覚の問題とは何か。

それは、日本語が、総体として、私たち日本人によって対象化され、感覚される、というような状況の出現である。それは、外国語との出会いである。

ところで、大多数の日本人は生まれながらにこの島国に住み、日本語だけを身につけ、生活している。にもかかわらず、日本語感覚の問題は、この日本人たちの多くにとっても、やはり問題なのだ、と私は考える。とすると、多くの日本人たちは、どのようにして日本語が総体として問題となるように、外国語と出会うのか。

それが、すなわち、翻訳語の問題である。正確に言えば、私たちは、外国語と出会うと言うよりも、翻訳語と出会うのである。日本語と翻訳語との出会いである。このとき、まさに日本語感覚が問われるのである。

そこで、日本語と翻訳語との出会い、と言うと、翻訳語は日本語ではないのか、と思い返される。

こういう問題の視点から、私は日本語というこの特異な言語を、こう考えたら分りよいであろうか、と思う。つまり、日本語は、基本的に二つの言葉の体系からできている。一つは日本語らしい日本語、もう一つは日本語らしからぬ日本語、である。この後者が問題の翻訳語である。日本語感覚というときの日本語にふさわしいのは、この前者であって後者ではない。

書き言葉日本語の原型

『古事記《こじき》』序文の、太安万侶《おおのやすまろ》の書いた一節に、次のような文句がある。

然れども上古の時、言と意と並朴《みなすなほ》にして、文を敷き句を構ふること、字にはすなはち難し。
已《すで》に訓に因りて述ぶれば、詞は心に逮《いた》らず。

ここで、「言と意と並朴にして」とは、自分たちの言語、日本語についての反省である。これが、日本語感覚の原型であろう。この感覚、反省は、他方、「已に訓に因りて述ぶれば、詞は心に逮らず。」という体験から生まれたのである。すなわち、「心に逮ら」ない「詞」、つまり漢字で表現された言葉に対して、その漢字表現以前の

「言」は、「意と並朴」である、「心に逮」ると言うのである。七一二年、今から千二百余年前に書かれた文である。ここに今日の日本語感覚の問題の原型がある。

ところで、この日本語感覚をよび起した対立者は何か。安万侶は、まず「詞」と言った。漢字である。この基本のところは、やはり今日に至るまで変わってはいない。今日、翻訳語と言えば、人はまず漢字で表現される難しそうな言葉を考えるだろう。さらに、安万侶は、「詞は心に逮らず」と言いながら、この序文を、もっぱら詞によって、すなわち漢文で書いた。書かざるをえなかった。では『古事記』本文はどうかというと、前掲引用文に続いて、次のように述べられている。

全く音を以ちて連ぬれば、事の趣更に長し。ここを以ちて今或るは一句の中に、音と訓とを交へ用ゐ、或るは一事の内に、全く訓を以て録しぬ。

つまり、話し言葉の日本語を、そのまま写そうとすると、どうも文がだらだらと長くなる。そこで、ある一句は、話し言葉を写したものと「詞」の漢字表現とを混合し、或《あ》る部分は漢字表現だけを用いた、と言う。ここに、日本語における書き言葉の原型もまた示されているのである。

もっとも、この部分には漢字表現と言っても、その後の音読みというのはまだなかった。したがって今日言う訓読みであるから、話し言葉と同じではないか、という見方もあるかも知れない。が、漢字に表現された言葉は、第一に漢字がもと持っていた意味に制約される。

たとえば「ミタマ」という話し言葉を「御魂」と表現したとき、「魂」という漢字の観念的な意味が、話し言葉のタマと二重になってくる。と言うよりも、タマは魂という表現に遮られて、話し言葉のタマの方が見失われる、おそらくそのような事情を、太安万侶は、「已に訓に因りて述ぶれば、詞は心に逮らず」と言ったのである。ここでつけ加えるならば、「詞」は「心に逮らず」というのは一面であって、他面、元来「心」の方にはない別の意味をつけ加えるのである。

さらに、漢字表現は、話し言葉がそれまで、安万侶も言うように、「全く音を以ちて連ぬれば、事の趣更に長し。」と、だらだらとした感じであったのが、短くひき締まった言葉の単位を自覚させる。あるいはそのように日本語を作り変えて行く。そのことからまた、文句や文章の分析的構成ができるようになる。

さらに、もう一つつけ加えるならば、これはとくに私の主張であるが、意味のよく分らない新しい言葉を作り出し、読者たちに意味がよく分らぬままに受け入れさせていく。そしてそこから、一つの新しい意味を作りだしていく、ということである。たとえば前掲の「御魂」という言葉も、おそらくそのような効果をもつ言葉の一つだったであろう。

そして、このようなある種の造語の効果は、およそ一つの文化が、異質なもう一つの文化と出会い、これによって変容を受けていくときの、ある本質的なあり方を示しているのであろう、と考える。Aの文化が、異質なBの文化と接触し、これを受容するとき、Aの側に新しくできてくるものは、Bそのものではなく、Aのもとのままのものでもない。いわばもう一つのCが作り出されていく、と私は考える。

こうして、漢字によって表現されるようになった話し言葉は、もはやもとの言葉と同じではない。こうして成立する書き言葉は、話し言葉をただ写すだけの言葉ではない。漢字を交えた書き言葉は、従来の話し言葉を変え、別の意味を移し入れ、別の機能の言葉を作り出していく。

日本語における書き言葉は、話し言葉をただ写すだけのものではない。このことは、とくに中国やヨーロッパなど、自らの文化の中で文字を発明し、書き言葉にしていった場合と比べて、日本語の書き言葉の重要な特徴である。そしてまた、ヨーロッパの言語学は、書き言葉とは話し言葉をただ写すもの、という考えに立っているために、日本でもまたあまり注意されずに過ごされてきた重要な盲点である。

書き言葉における感覚無視

私たちの日本語の書き言葉は、以後、基本的に太安万侶の切り開いた方法を受け継いでいった。もちろん、詳しく言えば、いろいろな経緯がある。やがて漢文は訓読されるようになり、その書き下し文という形で、漢字とかなの入り交った文章が書かれるようになる。しかしその訓読の素地は、『古事記』や『万葉集《まんよう》』の文字使いの間にできあがっていたのである。漢文訓読の書き下し文は、やがて和漢混交文、漢字かな交り文という系譜に流れ、近世、近代の書き言葉につながる。

さらに、近世の後半から近代にかけて、蘭学、英学における横文字の翻訳方法は、やはりこの漢文訓読の応用であった。とくに翻訳における直訳とは、漢文訓読と基本的に同じ方法である。近代日本の翻訳文は、この直訳文を基本として、これをしだいに洗練させて作りあげられていったのである。そして、この直訳に基礎を置く翻訳文は、いわゆる言文一致体と言われる書き言葉の文の形成に引き継がれていく。それは単に影響を与えた、という以上の、重要部分での継承であった。

さて、こうして日本語における書き言葉の系譜を大いそぎで眺め渡してきたが、要するに、それは、話し言葉とは違ったもう一つの別の言語のような、これと対立する一つの言葉の体系を作りあげてきたのである。もちろん、決して別の言葉ではないのだが、私たちの日本語における書き言葉と話し言葉とは、従来の言語学の常識、つまりヨーロッパ諸語をモデルとした言語理論ではとらえられぬ別の構造を持っている、と私は考えるのである。

そこで、こういう事情を前提として、日本語感覚、という問題を考えてみよう。

まず、日本語感覚と言うときの日本語とは、より根の深い話し言葉の日本語における感覚である、と考えよう。すると、容易に分るように、書き言葉では、この感覚は、とても欠けている。漢字二字でできているのが多い翻訳語は、日本語感覚無視の上に成り立っている、と言ってもよいくらいである。耳で聞いただけでは分らず、字を思い出してなるほど、というような単語は、その典型であろう。

その結果はどういうことになるか。このような用語は、とくに学問・思想の言葉に多いのだが、その結果、言葉が元来話し言葉の中でこそ生きているという意味を見落す、無視する、ということになるであろう。「社会」について考える研究者は、「世間」のことを無視するわけである。日本の現実について考えるはずの学問は、実は現実とは一つずれた言葉を用いて、一つずれた言葉の体系、すなわち学問の世界を形づくっていくことになるであろう。

もっとも、本来客観的・普遍的であるべき学問・思想が、日本語感覚というような特殊な事情にこだわっているのは誤りだ、という考え方もあるだろう。では、日本語感覚の反対は客観的で普遍的な理解、ということになるのであろうか。日本語感覚の反対は、まず非日本語感覚とか、日本語感覚が欠けている、という消極的な状態であろう。それは、言葉感覚の欠けた言葉の営み、という状態である。言葉のつじつまは合い、論理にかなっていると思われるのであろう。が、合っているのは、実はすでにできあがっている学問・思想体系のモデルに対してであって、私たちの現実の方に対してではない。

およそ言葉感覚は、言葉と現実との微妙なずれをチェックする機能を持っている。言葉感覚がどこかずれた言葉、言葉使いは、そのような言葉を操る思考が、現実に対してどこかずれているのである。言葉感覚のチェックするずれは、知的な反省のとうてい及ばぬほどの機微にも至っており、かつ、知的な反省じたいの前提である。ある言葉使いが、筋がかなっていさえすれば、どこかおかしいかどうか、という視点を無視してもよい、と考えられているとすれば、それは言葉の基本的条件を欠いているのである。言葉の病的な状態である。

日本の学問・思想の言葉における日本語感覚の欠如、無視は、実はそれが本来日本語感覚と切り離されたもう一つの言葉の上に成り立っている、という事情の結果である。それはもともと言葉感覚の欠けた、あるいは乏しい言葉である。すなわち、話し言葉と切り離された書き言葉という閉じた世界の営みなのである。

書き言葉への期待

前項で、私は、日本語感覚ということを、日本語の話し言葉における言葉感覚、ということに限定して考えた。が、次に、視点を変えてみよう。私たちの書き言葉じたいにも、すでに千年余の歴史があり、またそれは、世界でも稀《まれ》なほど識字率の高い国民多数に支えられて今日に及んでいるのである。書き言葉における、書き言葉を中心に置いた言葉感覚というものも当然考えられるのではないか。

確かに、私たちは、かつて漢文とは切り離された、漢文訓読の言葉感覚を育てていた。それはたとえば詩吟にみられるように、原漢文の感覚とは全く異質の、他方話し言葉の日本語とも異質の、特異な言葉感覚を育てていた。それはやはり、今日の、西欧語翻訳文など漢字の多い書き言葉の文章にも流れている。この感覚は、明治維新のあたりで、西欧語翻訳文の成立とともに一応切れたのだが、大筋としては、今日の名詞中心に展開する西欧語翻訳文を典型とする固い文章、学問・思想の言葉は、この系譜であろう。今日でも、やや名調子の論文などは、明確で引き締まったあるリズムを持っていて、この種の言葉感覚が生きている、と言うことができる。

このような書き言葉にも、もう一つの日本語感覚を求めていくことは確かに可能であろう。この感覚が育っていくことに期待をかけることもできる。それは、従来論文について、名文であるか否かなどほとんど問われなかったのだが、それだけに、意識的に作りあげていかなければならないであろう。

そして終りに、非常に困難なことではあるが、話し言葉の言葉感覚が、書き言葉にもできる限り取り入れられていくことを期待したい。

段落の切り方について

日本文に段落の必然性はあるのか

文章をあまり書き慣れていない人が、いざ書き始めたとき、意外に難しいことの一つに、改行、つまり段落の切り方がある。

段落の切り方、ということを考えるとき、私はまず、広い意味で、日本文で、文章はどう切れるのか、という視点から考えたいと思う。

今日、日本文は、大きく分けると、三種類の切れ目がある。小さい順に、読点つまり「、」の切れ目、句点つまり「。」の切れ目、そして段落である。

このうち、読点の切れ目については、文法上の意味もあまりなく、書き手によってかなりまちまちでありながら、一般にはそれほどやかましくは言われない。句点に関しては、第三章ですでに述べたように、かつて近代の初め、この切れ目はなかなか分り難《にく》かった。そして、その分り難さは、この切れ目が、本質的に西欧語文法にもとづいている、ということであった。西欧語文法にもとづいて日本語をとらえ直し、「文」という書き言葉上の単位を作り出していった、という事情があった。この事情は、今日でも、書くということにあまり慣れていない人にとっては、ほとんど変わっていないわけである。私たちは小学校以来、主語で始まって述語で終って、そこに「。」を打つ「文」というものを教えられる。教えられてそれに慣れるから分るのである。それは元来話し言葉の日常の日本語にもとづいているのではない。それとは一応切れているのである。

段落という大きな切れ目も、多分に、この句点の切れ目と似た所がある。句点の切れ目は「文」という文法構造上の単位に従っているが、段落は文法構造としてはとらえられていない、という点は確かに違う。が、「文」のもとであるセンテンスという単位も、よく考えてみると、それほどはっきりとしたものではない。要するに、一連の文句の後にピリオドを打ってしまうか、それともさらに関係代名詞などをつなげて文句を続けて行くか、というようなことは、結局発言者の気持次第、気分次第、といったところがある。逆に言えば、文句をもっとつなげたいのだけれど、そこで切るから、もっと大きな切れ目が必要になってくる、というように考えられる。

段落は主題（トピック topic、テーマ theme）によって一つにまとめられる、とふつう言われる。主題とは、もっとも典型的には、一つの文で主語として表現される。その主題である主語は、通常さらにくり返されて語られる。主語はもちろん名詞である。名詞はくり返されるとき、西欧語では原則として、三人称代名詞、関係代名詞などの代名詞で受けられる。そこで、段落とは、代名詞のくり返し可能な範囲の文章の単位である、とも言うことができよう。もちろん、それは典型的な場合のことであって、あらゆる段落の切れ目がこれで割り切れるものではない。だが、このことは、段落を越えて代名詞を使ってはならない、という作文上の一般的ルールからも、およそ推測できることであろう。

そこで、日本語の文章というものを改めて見直してみると、日本語の「文」に、主語がない場合が多いこと、「文」の構造が名詞中心でないこと、三人称代名詞、関係代名詞などがないこと、などが思い返される。このような、日本語「文」と、西欧語センテンスとの違いから、西欧語文におけるような段落という切れ目の必然性ということも、かなり違ってくるのではないか、と考えられるのである。そこで以下主として「文」との関係から、日本文の段落について考えたいと思う。

段落がない伝統的日本文

現代日本語における段落というものを考えるための手がかりとして、逆に、段落のない日本文、あるいは段落があまり意味を持たない日本文、というものから考えてみたい。つまり、このような日本文が元来自然ではなかったのか、という原点に立ち返ってみるのである。

谷崎潤一郎《たにざきじゅんいちろう》の『文章読本』は、およそ文章読本というような種類の書物のうちでは抜きん出ていて、日本語についての洞察が深い。思うに、この洞察の背景には、谷崎じしんの英語などの語学の素養があって、外国語との比較の視点が生きているのであろう。その中で、日本語の句読点についての意見があって、その後に、谷崎じしんの句読点の一つの試みとして、『春琴抄《しゅんきんしょう》』が引用されている。やや長いが、その部分を見てみたい。

> 句読点と云ふものも宛て字や仮名使ひと同じく、到底合理的には扱ひ切れないのでありますす。そこで私は、これらを感覚的効果として取り扱ひ、読者が読み下す時に、その調子の上から、そこで一と息入れて貰ひたい場所に打つことにしてをりますが、その息の入れ方の短かい時に、、や、長い時に。を使ひます。此の使ひ方は、実際に

はセンテンスの構成と一致することが多いやうでありますが、必ずしもさうとは限りません。私の「春琴抄」と云ふ小説の文章は、徹底的に此の方針を推し進めた一つの試みでありまして、たとへばこんな風であります。

女で盲目で独身であれば贅沢と云つても限度があり美衣美食を恣にしてもたかゞ知れてゐるしかし春琴の家には主一人に奉公人が五六人も使はれてゐる月々の生活費も生やさしい額ではなかつた何故そんなに金や人手がかゝつたと云ふとその第一の原因は小鳥道楽にあつた就中彼女は鶯を愛した。今日啼きごゑの優れた鶯は一羽一万円もするのがある往時と雖も事情は同じだつたであろう。尤も今日と昔とでは啼きごゑの聴き分け方や翫賞法が幾分異なるらしいけれども先づ今日の例を以て話せばケツキヨ、ケツキヨ、〳〵と啼く所謂谷渡りの声ホーキーベカコンと啼く所謂高音《かうね》、ホーホケキヨウの地声の外に此の二種類の啼き方をするのが値打ちなのである此れは藪鶯では啼かない偶々啼いてもホーキーベカコンと啼かずにホーキーベチヤと啼くから汚い、ベカコンと、コンと云ふ金属性の美しい余韻を曳くやうにするには或る人為的な手段を以て養成するそれは藪鶯の雛を、まだ尾の生えぬ時に生け捕つて来て別な師匠の鶯に附けて稽古させるのである尾が生えてからだと親の藪鶯の汚い声を覚えてしまふので最早や矯正することが出来ない。

以上、やや長すぎるくらいに引用してきたのは、この『春琴抄』という小説の文章には、段落らしい段落がない、ということ、そしてそのことが、ここで著者じしんの言う句読点の打ち方、「文」のとらえ方と密接に関係している、ということを知っていただきたいためであった。もっとも、通常の段落よりはもっと長く、二、三頁おきに、一行空けて文章が切ってあるのだが、段落とはかなり違うようである。段落らしい段落がないということを十分に知っていただくためには、以下原文をもっと引用しなければならないことになろう。実際、この小説の文章は、こういう調子で、次から次へと語を継ぎ、文を継いで、流れるように、ひとつながりにつながって行くのである。

ここでは、読点はもちろん、句点も「そこで一と息入れて貰ひたい場所」にすぎない。文章を構成する「文」という文法的単位ではない。文章とは、言わば、書いて行った所で、次に続く言葉が自ずと導かれて行くような、時間的な継起である。

これに対して、「文」――センテンスは、独立し、完結した思想を語る。「文」を書き出す者は、書き出すときに、その終りも知っていなければならない。文によって、文章は、言わば空間的に構築される。こうして、一つ一つ堅固な単位としての素材が建築物を造って行くように、このような文によって、文がいくつか集められ、まとめられて、全体として一つの主題について語る。それが段落である。

谷崎のこの文章では、一つの文は、それに続く次の文と、とけ合うようにつながり、主題はどこからともなくうつり変わって行く。段落は本質的に必要ではない。少なくともパラグラフに相当する段落は必然的ではない。

そして、考えてみると、こういう文体が、私たち日本の伝統的な文章の主流だったのである。『源氏物語』の現代語訳者である谷崎じしん、この文章を書くについて、王朝風以来の文体を多分に意識していたのであった。今日でも、年輩の人の手紙文などに、このような文体が多いことに気づく。とりわけ毛筆で書かれているような場合は、句読点はないのが原則であり、したがって必然的に段落もないのがふつうである。

短い段落の日本文・漢文脈系

谷崎の『春琴抄』の場合はやや極端な例であるが、現代の日本の文章家と言われるほどの人のうちにも、本質的に同じような傾向を持った人が少なくない。一般にそのような人の文章では、句点から句点への文のつながりが長く、同時に段落も長い。そして一つの段落は、内容的にも二つ以上の主題を含み、他方で、段落と次の段落との間に、一つの主題が分れてかかっていたりする。

段落のとり方、ということに関して、日本の代表的文章のうちには、今日でも、学校の作文指導のお手本どおりでない例が意外に多いのである。一般的に言えば、長すぎるのが多い、改行の意志などない、と言わんばかりに延々と書き連ねて、時々筆が疲れたところでひと息入れるかのように段落を切ったりする。そしてこのような文章は、近代以前には、文の切れ目の記号としての句点もなく、段落というものも原則としてなかった日本文の伝統を受けついでいるのである。

私たちの文章は、ともすればこのような傾向になりがちだ、ということ、そして、それはそれとして、文章の悪い書き方ではないということ、このことを、これから文章を書こうとする人は心得ているのがよい、と思うのである。

私たちにとって、段落という問題の意外な難しさは、第一に、こういう伝統的な文章法と、近代以後の翻訳の影響による段落をとった文章法とが混在している、ということであろうと私は考える。このことを承知してかかるのがよい、と思うのである。

ところで、文章読本などでよく言われることであるが、日本文の文体には、大きく分けると二つある。つまり、和文脈と、漢文脈の文体である。そこで、これまで述べてきたのは、和文脈文体についてであった。もう一つ、漢文訓読の系譜を引く文体がある。これについて考えてみよう。

これもよく言われることであるが、和文脈系の代表を谷崎潤一郎とすれば、漢文脈系の代表は志賀直哉《しがなおや》である。その志賀の『暗夜行路《あんやこうろ》』の書き出しのところを見てみよう。

私が自分に祖父のある事を知ったのは、私の母が産後の病気で死に、その後ふた月ほどたって、不意に祖父が私の前に現われて来た、その時であった。私の六つの時であった。

ある夕方、私は一人、門の前で遊んでいると、見知らぬ老人がそこへ来て立った。目の落ちくぼんだ、猫背のなんとなく見すぼらしい老人だった。私はなんという事なくそれに反感を持った。

老人は笑顔を作って何か私に話しかけようとした。しかし私は一種の悪意から、それをはぐらかして下を向いてしまった。釣り上がった口もと、それを囲んだ深いしわ、変に下品な印象を受けた。「早く行け」私は腹でそう思いながら、なお意固地に下を向いていた。

見てすぐ分るように、一つ一つの段落がたいへん短い。そして、読点の間隔が短く、句点による文の切れ目も短い。

段落を意味内容という面から見ると、この二番目と三番目の段落は、どちらも老人に出会って反感を持った、ということを語っており、一段落、一主題という教科書的書き方によれば、一つの段落にまとめた方がよいと考えられるだろう。それくらい、この作者の段落は、とくに短いのである。

このような文章を、大きく分けて漢文脈と言ったが、私の見方からすれば、実は翻訳文脈なのである。漢文訓読とは、もともと外国語である漢文の、わが国独自の翻訳文である。この翻訳方法は、近世から近代にかけて、西欧語の翻訳にも受け継がれた。漢文は、和文よりも西欧文に共通する点が多い。主語、述語、目的語という構文も、文の切れ方がはっきりしていることも似ているし、仁とは何ぞや、義とは何ぞや、とものを考える名詞中心の文章展開、発想も、和文よりも西欧文的である。

近世後半から近代にかけて、私たちの国で形成された書き言葉は、こうして、漢文訓読の系譜を受け継ぎ、西欧文の翻訳を通じて作られた。その重要な特徴の一つは、文という文章構成上の単位がはっきりしていることである。たとえば、ここで、志賀の文章中の文は、すべて「た」で終っている。逆に、終止形の「た」のあるところ、それは文の切れ目なのである。

そして、このように明確な切れ目のある文は、一つ一つ区切りのある思想を表現する単位となる。この区切られた単位は、近いものどうしでまとまり、異なるものどうしと、別の集合を形作っていくのに適している。切れ目のある文から直ちに段落の切れ目が生まれるのではないとしても、西欧文におけるような段落という単位のとらえ方ができるようになった。こうして、日本の文体史上かつてなかったような、短い段落のある文章が書かれるようになったのである。

人為的な切れ目としての文、段落

はっきりとした切れ目のある文を書くということは、私たちにとって、たいへん意識的な行為なのである。そのことは、私たちの日常の話し言葉と比較しても分る。はっきりと切れ目のある言い方は、小学校以来、先生には常にすすめられているのだが、それも教室の中や公式の場限りのことであろう。私たちの世間のつき合いでは、切口上というのは、よろしくない口のきき方のことである。「……ですけれども」とか、「……ですが」とか、「……しまして」とかのように、私たちの話し言葉の終りは、言い切らず、断定せず、後は推察に任せるというような、あるいは話し相手に後を引き取ってもらいたいかのような言い方がとても多い。さらに、「よ」、「さ」、「ね」のような、まったく話し言葉固有の終助詞も、言葉を切る働きと同時に、話し相手にうったえかけ、その限りで自らの発言のその後を、相手に引き取ってもらいたいという気持を表わしている。

書き言葉における切れ目の「た」、「だ」、「である」、「ている」、あるいは動詞、形容詞、形容動詞などで止めるのは、話し言葉の場合とまったく異なって、発言の相手がいない、後を引き取ってくれる者がないのである。言葉のひとつながりをこのような文末語で切って「。」を打つということは、一切自分の責任で始末する、という決意のようなものであろう。

一般に、文章は、はっきりと切れた文で書かれているのがよいのか、また段落はしかるべく取られているのがよいのか、という問題に対しては、私は、基本的にはどちらでもよいのだ、と答えたいと思う。とくに個性的な文章を書きたいと思う人にとって、このような制約は、その人じしんの好み、気質に従う以外にない、と考える。

しかし、今条件を限定して、論理的に分りやすい文章を書きたい、と言うのであれば、文は明確に切れ、段落は適当に取れ、と答えたいと思う。そしてとくに日本語文では、文も段落も一応の形を整えてさえいれば、短いほど分りやすい文章になる。

そしてこのような文章を書くのには、すでに述べてきたことだが、私たちにとって意識的な訓練が必要なのである。気のおもむくままに自ずと書き流していたのではだめで、言わば人工的な言葉の世界を作って行く、というような態度が必要である。日常慣れ親しんでいる話し言葉とは別の、もう一つの日本語で語る、というようなことである。

分りやすい短段落の文章

そこで、明確な、分りやすい文章、したがって明確で適切な段落を持った文章を書くにはどうしたらよいか、ということである。それには、文章の意味内容の面、また形式の面から、いろいろな条件が考えられる。ここでは、おもに文章の形式という面から考えよう。およそ段落という多様で、定型化し難いものをとらえるのは困難だが、以下、その一つの典型的な場合を考えてみたい。

論理的に分りやすい文章は、日本語では、文を短く切るのがよい。論理表現の中心は形式的には名詞であり、日本語は三人称代名詞や関係代名詞を持たず、名詞中心に文章を展開させるような構造を持っていない。たとえば、英文で名詞を中心に修飾語がついていく形の文章を日本語に翻訳しようとすると、とかく「その父親の妹がかつて数キロメートル離れた山のふもとの町の小学校で教師をしていたときのクラスの友だち」というような表現になってしまいがちである。

一般に日本文では、名詞を中心に修飾句のついていく文句、文法的に言う連体修飾句の長いものは、できるだけ避けた方がよい。そうなりそうなときは、適当なところで文章を切るのである。

一般に、言いたいことは、一つの文で言い切ってしまおうとせず、切ってまた、次の文で言いたしていくのがよい。それでも言いたりなければ、また切って、その次の文で言えばよい。このような場合、始めの文と、言いたした次の文、あるいはまたその次の文とは、当然、全体として一つのまとまりを持っているはずである。こういうまとまりを中心として段落を設けるとよいと思う。典型的なこのまとまりでは、言い始めた文一つと、つけたした文一つとの最小限の段落になる。このような段落は、西欧文のパラグラフをお手本とすればやや短いのだが、日本文における段落の一つの典型であろうと思う。たとえば前掲の『暗夜行路』の冒頭の段落を見ると、

私が自分に祖父のある事を知ったのは、私の母が産後の病気で死に、その後ふ

た月ほどたって、不意に祖父が私の前に現われて来た、その時であった。私の六つの時であった。

と、二つの文からできている。この二番目の文は、前の文を言いたしたわけである。

このような見方からすると、文とは完結した思想を語るものではなく、また、文と文どうしは、文章の単位として対等に独立しているのでもない。たとえば英文などのセンテンスというのは原則として主語と述語があり、長い短いの差はあっても、形式上すべて対等の資格である。が、日本文の文は、構造上、述語は原則としてあるとしても、主語と述語を備えたものもあれば、述語だけのものもあり、また、主語はあっても、その働きが弱い場合もある。

文は、それだけではまとまった思想を表現するのには不十分なもので、さらにつけたしつつ、いくつかの文が集まって初めて一つのまとまった思想が表現できるのだ、と考えた方がよいのではないか。そう考えるとき、こうしてできるいくつかの文のまとまりを、一つの段落とすることができる。それは、ふつう教科書などで説かれるセンテンス本位のパラグラフの段落とはやや違って、もっと短いかも知れない。が、日本文、日本語の「文」にとって、文の流れのある自然なリズムとも言うべきものをとらえているように思うのである。

声にうったえる文章

このことは、一般に、日本語についてよく考え、かつよく書いている人、学者でもあり文章家でもあるような人に、このような文体がよく目につく、ということを見ても分るであろう。日本語にとって、明快で分りやすい文章の形というものを考え、意識的にそのような文体を作っていった人々である。

そのような一人、外山滋比古の例を見てみよう。やはり典型的な短文、短段落の文章である。

ある年の暮の十二月三十日、何気なく見たNHKテレビの「永平寺」がすばらしい。あとでイタリアの何とか賞という国際的な賞を受けたものだと知って、なるほどと思った。

その中に読経のシーンがある。大勢の僧侶のはく息が白く美しい。解説の声で、お経は「耳で読む」のだと言ったのが心に残っている。それでなくてはああいう風に調和したコーラスにならないらしい。となりの人の声を耳でききながら文字を読むのだという（『日本の文章』北斗出版）。

ここで第一の段落には二つの文があるが、今その二つ目の文だけを取り出すと、「あとでイタリアの何とか賞という国際的な賞を受けたものだと知って、なるほどと思った。」となって、これだけ独立に読むと、何を言っているのかよく分らない。だが、形式的に見ると、この文の述語は、文末の「思った」であって、その主語がない。「思った」の主語は、筆者であることは直ちに分る。こういうときには、「私は」などは書かない方がふつうである。

この文だけで分りにくいのは、この主語が欠けているためではない。補ってみるならば、「なるほど（やはり「永平寺」はすばらしかったのだな）と思った。」とでもなるであろうか。この（　）の中にほぼ相当する文句は、前の文ですでに言われている。だから、ここで改めて言わないのである。それは「思った」という述語の目的語にも相当する部分で、英語ならば、くり返しは避けるとしても、so とか it などを使ってでも言わなければならない部分である。日本文では、これは言わなくて十分であり、省略ではない。

二番目の段落には五つの文がある。このうち、終りの二つは、前の文に付属した文である。どちらも、「お経は」というような主語が述べられていない。

ところで、こういう文章をずーっと読んで行くと、文を単位とする流れのリズムのようなものが感じられるであろう。始めの比較的独立した文を主、後の補っている文を従とするならば、この第一段落は、主・従・第二段落は主・主・主・従・従、のようになる。従の文は、適当な間隔で主の文の後に入って、主の文を展開させるとともに、理解を助けている。それと同時に、文章の音楽的な流れを作りだしているのである。この例は一つの典型的な場合であるが、一般に文章にこのような流れがあるということは、分りやすい文章のかくれた必要条件であろうと思う。

私たちの書き言葉文は、近代以後、話し言葉から切り離され、声を出して読まれる文という性格を失ってきた。だが、私たちは無言で読んでいるときも、その意味だけを読み取っているわけではない。書き言葉も、言わば声にならぬかすかな声をひびかせながら読まれている。声にうったえる文章は、自ずと頭に流れ込んで行くのである。

文末に変化を持たせること

近代日本文における文末語の乏しさ

日本語の文で、いちばん大事なところはどこか、と言うと、文の終りの方、とりわけ文末語なのである。英語の話を聞くときは、始めの方を注意して聞け、日本語の話を聞くときは、終りの方を注意して聞け、と言われる。もちろんこれは、センテンスや文の始めの方、終りの方という意味である。英語では、ふつう始めに主語がきて、二番目に述語の順である。これでもうセンテンスでもっとも大事な二要素が出そろう。日本文では、主語はある場合もない場合もあるが、述語は原則として必ずある。その述語は文の終りの方にくる。その上、これまで文末語の章でも詳しく述べたように、述語は、動詞、形容詞、形容動詞あるいは名詞などで終ることもあるが、さらにその後に、「た」、「ている」、「だ」、「である」などの助動詞、または準助動詞がつくことが多い。敬体の文章ならば、「です」、「ます」などである。

文の述語までの部分は、主として事柄を記述するのだが、文末の助動詞などは、この事柄に対する筆者の態度を表現する。コト（ディクタム dictum）とサマ（モゥドゥス modus）との違いである。「空が青い。」と言えば、これはコトを語っている。話し言葉で、「空が青いね。」と言えば、この「ね」という助詞で発言者の気持、立場が表わされ、発言全体がしめくくられてサマになる。書き言葉でも、「空が青かった。」と書けば、この「た」一語でサマになる、というわけである。

そこでこの大事な文末語なのだが、私たちの近代口語文では、きわめて数が少ない。したがって同じ文末語をくり返し使うことになってしまう場合が多い。たとえば、昔は物語を書くのにも、「つ」、「ぬ」、「たり」、「り」、「き」、「けり」など多様な使い分けができたのだが、近代口語文では、これらに相当する言葉は、「た」一つしかない。

なぜこう大事な文末語が乏しくなってしまったのか。要するに、近代の始め頃、西欧文をお手本として近代口語文を作り出したとき、語彙《ごい》のバラエティを考えるほどの余裕がなかった、ということなのである。西欧語は、日本語にくらべて、はるかにコト中心の言語である。日本語のサマに相当する部分は、I'm sorry (that……) や、I think (that……) とか、発言の調子、イントネーションとか、don't you? のような付加疑問とか、ないわけではないが、その重要性はずっと乏しい。コト中心の西欧語をお手本とし、翻訳をしたとき、伝統的なサマの機能を継承する、という視点は自ずと軽視されたのである。

今日の私たちの書き言葉における文末語の乏しさ、貧しさは、歴史の浅い人工語としての、つまり「もう一つの日本語」としての特質であり、その最大の欠点とも言えるであろう。

そこで、その乏しい文末語の使い分けの工夫、というようなことについて考えてみたいのである。

「た」で終る文体

次の文章のそれぞれの文末を見ていただきたい。

明るくなる前に、老人はもう餌をおろしてしまっていた。そして潮の流れに舟の動きをすっかりまかせきっていた。第一の餌は四十尋の深みに沈んでいる。第二の餌は七十五尋、第三の餌と第四の餌はさらに水中深く、それぞれ百尋と百二十五尋のところに垂らしてある。そのどれにも餌魚が鉤《かぎ》の心棒の根もとまで縫うようにしっかりとりつけられてあった。鉤の突き出た部分は、曲っているところも針の先も、新しい鰯でいっぱいに蔽《おお》われている。鉤で両眼を串《くし》ざしにされた鰯のかたまりは、いわば鋼鉄の棒に支えられた半円形の花輪といった形だった。大魚が近づいてきても、いい匂いと味のしない部分は鉤のどこにも残されていない。

この文末語を並べてみよう。「た。た。でいる。である。た。ている。た。ない。」となっている。八つのうち、「た」が四、「て（で）いる」が二、「である」が一、「ない」が一である。現代日本文としては、ずい分とバラエティ豊かである。

実は、この文章は、ヘミングウェイの『老人と海』の翻訳の一部、翻訳者は福田《ふくだ》恆《つね》存《あり》である。その原文を見てみよう。福田訳の文の切り方は、原文のセンテンスの切れ目と一致しないところもあるが、福田訳の、私が傍点を振った文末に対応する原語をイタリック体にしておく。対応語を求めるとき、日本文の文末語は必ずしも英文の一語に対応せず、その一部分にしか当らないのが多いが、一語分として扱っておく。

Before it was really light he *had* his baits out and *was* drifting with the current. One bait *was* down forty fathoms. The second was at seventy-five and the third and fourth *were* down in the blue water at one hundred and one hundred and twenty-five fathoms. Each bait *hung* head down with the shank of the hook inside the bait fish, tied and sewed solid, and all the projecting part of the hook, the curve and the point, *was* covered with fresh sardines. Each sardine *was* hooked through both eyes so that they *made* a half-garland on the projecting steel. There *was not* sweet-smelling and good-tasting.

これで直ちに気づくことは、日本語訳における文末語は、英文では述語動詞に相当していて、それがすべて過去形だ、ということである。

ところで、同じ部分の別の訳を見てみよう。対訳本の『老人と海』（林原耕三・坂本和男訳）である。対訳本をわざわざ取り上げたのは、英文和訳の学習の場における扱い方を知るためである。当然これはいわゆる直訳に近い忠実な訳となっている。そして、このことから、かつて近代の初め頃、西欧文の翻訳をもとにして近代口語文を作っていったいきさつが推測されるだろう、とも思うからである。

すっかり明けてしまわないうちに老人は餌を下ろしてしまって、舟を潮の流れにまかせていた。第一の餌は四〇尋の深さに沈んでいた。第二の餌は七五尋、第三の餌と第四の餌は、それぞれ一〇〇尋と一二五尋の青い深みに沈んでいた。どの餌魚も、鉤針の軸部が刺し込まれ固くしばりつけられていた。どの鰯も両眼を串刺しにされて、突き出た鋼鉄の棒についた半円形の花輪のようであった。鉤針には、大魚にとっていい匂いとおいしい味のしない部分はどこにもなかった。

すぐ分るように、文はすべて「た」で終っている。英文の過去形に対応させるとき、日本文ではこれが文末にきてしまうので、文でいちばん大事なところが、「……た。……た。……た。」と揃ってしまうのである。

かつて二葉亭四迷は、ツルゲーネフの翻訳『あひびき』(一八八八〈明治二十一〉年)で、「秋九月中旬といふころ、一日自分がさる樺の林の中に座してゐたことが有ッた。」で始まって、

……雲間から澄みて怜悧《さか》し気に見える人の眼の如くに朗かに晴れた蒼空《あをぞら》がのぞかれた。自分は座して、四顧して、そして耳を傾けてゐた。木の葉が頭上で幽かに戦いだが、その音を聞たばかりでも季節は知られた。

と、「た」の強くひびく新しい文体を発表した。もちろん、これは、原文の過去形に「た」を対応させた結果、そうなってしまったのである。後年、一九〇六（明治三十九）年、二葉亭は『余が翻訳の標準』で、この文章を回想して、

処で、出来上った結果はどうか、自分の訳文を取って見ると、いや実に読みづらい、佶倔聱牙《きつくつがうが》だ、ぎくしゃくして如何にとも出来栄えが悪い。従って世間の評判も悪い、偶々《たまたま》賞美して呉れた者もあったけれど、おしなべて非難の声が多かった。

と述べている。その通りではなかったろうか。

その後、この文体は、日本の書き言葉の中に定着した。批評家は往々、芥川龍之介《あくたがわりゅうのすけ》や志賀直哉などの「……た。……た。……た。」と連続する文体を、美しいとさえ言う。これは、他面で、近代以後、私たちは伝統的な文末の語感を失ってしまった、ということではないか。「た」の連続する文体美とは、しょせん仇花《あだばな》であろう。

余韻をひびかせる文末の変化

ところで、前掲の福田恆存の訳文を見直してみよう。八つの文末のうちの四つの「た」、これは、原文が過去形であるための翻訳上の約束にもとづいた「た」である。では、他の文末語はどうなのか。原文が過去形なのに、これでよいのだろうか。とりわけ、「ている」が二つある。「ている」はふつう、英文和訳でも現在形や、現在進行形の訳語によく使われる。私たちの語感でも、「ている」は過去であるはずはない。

英文でも、過去の場面に、歴史的現在 historical present という現在形を使うことがあるし、現代小説の一派の人々は、テンス（時制）を無視した現在形を使うことがある。しかしこれはもちろん例外である。

日本文の「た」は、本来「ている」とも、その他現在時表現と思われるような用言終止形などとも共存できるのである。訳者福田恆存は、翻訳家であるとともに、作家として日本文の文章家でもある。原文の過去形には「た」を宛てるという翻訳上の約束事は心得ているとしても、おそらくそれ以上に、日本語の語感に従って書いていたに違いない。

たとえばこういう文章がある。二葉亭が『あひびき』を発表してから十二年後、言文一致の主張が、国語学者、文章家などを中心に広く唱えられるようになった。その先駆けの一人であった正岡子規《まさおかしき》は、一九〇〇（明治三十三）年、「叙事文」と題して、写生文を説いた。その中で、自ら模範として書いた文章である。その文末語に傍点を振っておこう。

夕飯が終ると例の通りぶらりと宿を出た。焼くが如き日の影は後の山に隠れて夕栄のなごりを塩屋の空に留て居る。街道の砂も最早ほとぼりがさめて涼しい風が松の間から吹いて来る。

……

何であらうと不審に堪へんので少し歩を進めてつぐ〳〵と見ると真白な人が海にはいって居るのであった。併し余り白い皮膚だと思ふてよく見ると、白い著物《き》を著た二人の少女であった。少女は乳房のあたり迄を波に沈めて、ふわ〳〵と浮きながら手の先で水をかきまぜて居る。かきまぜられた水は小い波を起してチラ〳〵と月の光を受けて居る。如何にも余念なくそんな事をやって居る様は丸で女神が水いたづらをして遊んで居るやうであったので、我は惘然《ぼうぜん》として絵の内に這入って居る心持がした。

ここでは、「た」と「ている」とが、まるで交錯するように使われている。これが、子規が同じ文章での始めの方で言っている「只ありのまゝ見たるまゝに其事物を模写するを可とす」という文章での文末語の用法だったのである。

私たちの文法や漠然たる常識が前提としているように、「た」が過去、「ている」が現在というのであれば、とうていこういう言葉使いはできるはずがない。

ところで、西欧文の過去形にはどういう日本語を宛てたらよいか、と言うと、近代口語文では、「た」である。それに違いはない。また西欧文の現在形の翻訳には、「ている」だけではないとしても、それにふさわしい言葉の中には確かに「ている」が入っている。西欧語の過去形を「た」、現在形を「ている」と訳すのは、蘭学以来のことで、明治の初期には文語調の訳文が主流であったが、言文一致が唱えられるようになってから、英文和訳の教科書などでも、過去形を「た」、現在形を「ている」という訳し方が実際多かったのである。

いったい、こういう事実をどう考えたらよいのか。

ここで、考え方を百八十度転換しなければならない、と私は考えるのである。

西欧文のテンスと、日本文の時とは違うのだ。テンスとは何かと言えば、その中心は、動詞の三型の変化で、誰でも go went gone などと習ったあれである。あのような動詞の変化形式は、日本語にはないのである。私たちは、それぞれの言葉の構造によって時をとらえているのだ。「た」のもとの形は、「てあり」で、「たり」、「たる」となり、その「る」が落ちて「た」となった。「てあり」は、「て・あり」で、口語で言えば「て・ある」となる。つまり、「た」と「ている」との違いは、「ある」と「いる」との違いで、これは対立関係と言った方がよい。

では「ある」と「いる」とはどういう対立関係か、と言うと、物は「ある」、人や動物は「いる」である。「ある」は動かないもの、「いる」は動いているもの。「ある」はすでに定まっているもの、「いる」は今まさに定まらないでいる状態にあるもの。

そこで「よく見ると、白い著物を著た二人の少女であった」とは、筆者の眼の前に、二人の少女の姿が浮び上がって、その姿がすでに確定されている、という様子を表現している。次の「少女は……手の先で水をかきまぜて居る。」は、筆者の眼前で、少女が水をかきまぜる動作が現に行なわれていること、その状態が、言わば未確定のままであることを表わしている。

こう考えてくると、「た」はすでに確定された状態を表わすから西欧語の過去の表現に適し、「ている」は未確定の状態だから西欧語の現在の表現にかなっている、と言えよう。

しかし、それらの間の違いが大事である。「た」も「ている」も、発言者、筆者にとっての物事の状態である。西欧語の過去、現在のように、発言者とは独立に進行している客観的な時間を示すのではない。だから、発言者を中心とする描写の場の中で、「た」と「ている」とが共存できるのである。

言い方を変えれば、「よく見ると、白い著物を著た二人の少女であった。」と言ったとき、その筆者はその場面の中に入っている。だから、その場面の中で、次に「少女は……手の先で水をかきまぜて居る。」と言えるのである。

もう一度、始めの福田恆存の訳文と、対訳書における訳文とを比べて見ていただきたい。日本文では、「た」で始まる文章だからと言って、その後も「……た。……た。……た。」としなければならぬ理由はない。むしろそれはおかしいとさえ言えよう。文末に変化を持たせ、余韻をひびかせようとさまざまに工夫をこらしてきた、日本文の伝統に反するのである。

あとがき

私たちの現代日本語の文章が、西欧語の翻訳の影響で大きく左右され、作り上げられてきたのだ、ということは、長い間の私のテーマであった。そう強く感じるようになったのは、私の青年時代、翻訳書や学術書などをよく読むようになった頃以来のことである。本書の中にも書いたように、英文和訳の作文は、純粋な日本文を書く以上に、私たち自身の文章法や、活字になった文章を支配している、と感じていたのである。そしてこのことは、日本の学問・思想・文化全般の成り立ちを深く支えている、と感じていた。

この感じは、以来ずっと私の確信であったが、それをいざ人に納得してもらうように説き明かす、となると、たいへんな仕事であった。第一に、そのような視点から日本語を考えようとする人が、従来ほとんどいなかったからである。材料は一つ一つ自分で集めて、組み立て、論証していかなければならない。そういう素材は至る所にあると思われるのだが、世の通念とは逆のことを、説得的に主張していくことがたいへんだったのである。

しかし、他面、それだからこそやりがいがある、ということもあった。湯川秀樹《ゆかわひでき》がよく言っていたように、少数派であるからおもしろい、というようなことである。

私の翻訳論は、まず単語論から始まって、それを何冊かの書物にまとめた。次いで、構文論、文体論の問題に入っていくようになった。あちらこちらの雑誌などに、そのようなテーマで文章を書いた。そんなところへ、PHP研究所出版部の真部栄一氏から、一冊にまとめないか、という話があった。

私はこれまで、いわゆる固い本ばかりを、比較的固い出版社から出してきた。それで、広く社会人向けの出版物を出してきた所から、私の本は出せるのだろうかと思った。真部氏は、無理にやさしく書かなくてもよい、と言う。しかし、私なりに、せいぜい広く読まれるようにしたい、と努力したつもりである。

かつて若い頃、私は病気で療養所に入っていたことがあった。その隣室に中学を出たばかりの少年がいて、私はよく話をしたり、英語を教えたりした。本が好きで、頭のいい少年だった。まもなく元気になって、私より一足先に退所していったが、家が貧しくて学校へは行けず、東京へ出て、店で売子として働いている、という話であった。その頃は、そんな人がたくさんいたのである。

ところが、つい近頃、ふとその人から電話がかかってきて、まったく久しぶりに出会った。高校の通信講座のテキストに私が文章を書いているので、ひまがあればそういう放送を聞いたりしているので知った、と言う。好学心は相変らずのようだった。その後いろいろと苦労の末、今ではさる一流会社の営業係長になっている。家も建て、娘にはピアノを習わせている、なかなか練習したがらないでね、というような話であった。時代は変わったのである。忙しい毎日だが、『PHP』だけは読んでいます、と言っていた。

それからまもなく、この本を出す話があったのである。そうだ、あの人たちに読まれるような本を書かなくては、と思ったのである。

本書の第一章、第二章、第五章は、比較的読みやすいであろうと思う。第三章と第四章とは、内容が学術論文に書くようなものなので、せいぜい努力はしたつもりだが、すぐにはとりつきにくいかも知れない。一、二、五章の後ででも、ぜひ目を通していただきたいと思う。

本書は、これまで、私が『翻訳の世界』『国文学』『国文学　解釈と鑑賞』『ことば』『ユリイカ』『コミュニケーション』『教育のために』などの雑誌に書いた文章をもとに、手を入れたり、書き直したりしたものと、まったく新しく書きおろしたものとできている。

こうして本書ができあがるのには、編集など真部栄一氏、並びに大久保恵さんのお世話によるところが多い。

一九八一年十一月

柳父　章

新版へのあとがき

翻訳という視点から見ると、日本語の意外な特徴が、いろいろと見えてくる。かつて私の出発点は、翻訳語批判だったのだけれど、一息ついてから、日本語を振り返って見て、改めて日本語について考えて、書き始めていた。もう二十年以上も前のことになるのだが、翻訳語批判が刺激的だったせいか、当時はさまざまな雑誌とか、研究会とかで、盛んに発言していたのだった。

あれからもう二十年以上になるが、言葉の問題は、息の長い文化の問題なので、当時の意見は、今でもだいたいは有効だと思っている。しかし、中には時代の変化を配慮しなければならない論説もある。

旧版で、「アンチョコにみる伝統的語学習得法」という一章があった。かつて中学、高校の英語の「教科書ガイド」、いわゆるアンチョコでは、教師用指導書とはまったく違った直訳式の訳文が教えられていて、広く中高生たちに読まれ、学校教育の一つの方向を示していた。私はこれを批判したのだった。ところが、今日でも同じ題名の教科書ガイドは出ているが、一見して、内容はすっかり変わっていて、直訳式解答は姿を消していた。それで、旧版のこの章は削除した。

伝統的な漢文訓読の方法を継承した日本独自の英語学習法は、私はこれを「英文訓読」と言っているのだが、この学習法について、旧版のこの章の終わり近くに、私はこう書いていた。「この事情は、まず考えられる限りの将来、五十年や百年の間は、根本的に変わることはないであろう。」と。果たしてどうだったろうか。

この二十年間でも、日本でもさまざまな生きた英語との交渉が進んで、英語学習法もかなり変わってきていると思う。批判してきた私も、中学、高校の英語教育の成果について、よくなった、と言わなければならない。

しかし、変わってきた面は認めるとしても、変わってない面について、私は依然敏感である。たとえば大学の英語の授業でも、英文訓読式に答える学生がやはり少なくない。秀才の学生ほど、そういう傾向がある。

ここで、削除した章の最後の一節を紹介して、残しておきたいと思う。

もう一つ、大事で、とてもむずかしい問題についても、ちょっと述べておきたい。それは、近代以後の日本の学問や思想は、ほとんどすべて、訓読和訳文、またはこれにならった訓読翻訳調のことばによって語られている、という事情である。言語学も、英語学も、教育学も、論理学、哲学その他の学問もそうである。翻訳調のことばは、日本における学問そのものの基本的性格をも支配している。

英文和訳は、むずかしい文章になればなるほど、必然的に訓読和訳文に近づかざるをえないのである。新しい英語教育法は、いずれ必ず、この障壁に突き当たらざるをえないであろう。

本書は、日本における翻訳批判であり、日本語の書き言葉は、翻訳によってつくられてきたという私の考えによっている。したがって、日本語の書き言葉と話し言葉の対立が、中心テーマになっている。

新版を法政大学出版局から出すにあたって、旧版を出した出版社、ＰＨＰ研究所が、快く版を譲って下さったことに、ここでお礼申しあげたい。

そして、いつもながら、法政大学出版局の松永辰郎さんにいろいろお世話になりました。

二〇〇二年十二月

柳　父　章

本書は二〇〇三年三月、法政大学出版局より刊行されました。

文庫化にあたり、明らかな誤りとみられる箇所は遺族の了承のもと修正し、巻末の対談を割愛しました。

日《に》本《ほん》語《ご》をどう書《か》くか

柳《やな》父《ぶ》章《あきら》

令和2年 7月25日　初版発行
令和6年 4月20日　4版発行

発行者●山下直久

発行●株式会社KADOKAWA
〒102-8177　東京都千代田区富士見2-13-3
電話　0570-002-301(ナビダイヤル)

角川文庫 22229

印刷所●株式会社KADOKAWA
製本所●株式会社KADOKAWA

表紙画●和田三造

ISBN 978-4-04-400609-9　C0181

角川文庫発刊に際して

角川源義

第二次世界大戦の敗北は、軍事力の敗北であった以上に、私たちの若い文化力の敗退であった。私たちの文化が戦争に対して如何に無力であり、単なるあだ花に過ぎなかったかを、私たちは身を以て体験し痛感した。西洋近代文化の摂取にとって、明治以後八十年の歳月は決して短かすぎたとは言えない。にもかかわらず、近代文化の伝統を確立し、自由な批判と柔軟な良識に富む文化層として自らを形成することに私たちは失敗して来た。そしてこれは、各層への文化の普及滲透を任務とする出版人の責任でもあった。

一九四五年以来、私たちは再び振出しに戻り、第一歩から踏み出すことを余儀なくされた。これは大きな不幸ではあるが、反面、これまでの混沌・未熟・歪曲の中にあった我が国の文化に秩序と確たる基礎を齎らすためには絶好の機会でもある。角川書店は、このような祖国の文化的危機にあたり、微力をも顧みず再建の礎石たるべき抱負と決意とをもって出発したが、ここに創立以来の念願を果すべく角川文庫を発刊する。これまで刊行されたあらゆる全集叢書文庫類の長所と短所とを検討し、古今東西の不朽の典籍を、良心的編集のもとに、廉価に、そして書架にふさわしい美本として、多くのひとびとに提供しようとする。しかし私たちは徒らに百科全書的な知識のジレッタントを作ることを目的とせず、あくまで祖国の文化に秩序と再建への道を示し、この文庫を角川書店の栄ある事業として、今後永久に継続発展せしめ、学芸と教養との殿堂として大成せんことを期したい。多くの読書子の愛情ある忠言と支持とによって、この希望と抱負とを完遂せしめられんことを願う。

一九四九年五月三日